U0666741

上海非物质文化遗产精品选

文化上海·典藏

上海非物质文化遗产精品选

序　言

上海是一座历史悠久的城市，也是中国工业文明的发祥地，更是江南文化的荟萃融合之地。在历史上，无论是北宋之后的北人南迁，还是1840年后的开埠，多元文化一次又一次地在这里交融，产生了独具特色的海派文化，孕育了多姿多彩的非物质文化遗产。上海的非物质文化遗产植根于都市和农村的生产生活，得益于江南各地域水系发达通畅和中西文化交流融合，呈现鲜明的近现代工商业文明特征。它们以上海为中心辐射江南，尤其是以传统美术、传统技艺等为代表的传统工艺类非物质文化遗产，积淀深厚、品种丰富、风格独特、熠熠生辉。

上海剪纸、顾绣、黄杨木雕、嘉定竹刻、上海灯彩、海派面塑、海派玉雕、紫檀雕刻、上海绒绣、曹素功墨锭制作技艺、民族乐器制作技艺、朵云轩木版水印技艺、金银细工制作技艺等传统工艺项目在不同时期为上海的经济文化建设作出了非凡贡献，也为上海城市文明的发展添上了浓墨重彩的一笔。二十世纪五六十年代，以及改革开放之初，这些传统工艺产品成为上海外汇收入的来源之一，也涌现了一大批传统工艺大师和传统工艺精品。博采众长、交流融合，也成为上海传统工艺类非物质文化遗产最为显著的特点。

如以王子淦先生和林曦明先生为代表的上海剪纸，产生于上海本土，在继承南方剪纸清新、秀丽风格的基础上，汲取了北方剪纸粗犷、质朴的特点，逐步创造了简练、纯朴、华美的独特韵味，具有强烈的现代主义设计风格。王子淦先生的作品，取材广泛，尤以表现花卉、虫鱼和鸟兽见长。他剪刀下的人物、动物、植物等造型简洁、线条流畅，甚至可以作为现代美术设计专业的教科书。林曦明先生更是被誉为“东方的马蒂斯”，他的剪纸具有浓厚的诗意和抒情性，凝练隽永、质朴纯真是其艺术的一大特色。他善于通过特定的动态、情姿和手势，来表现人物心理活动和思想感情，善于用简洁、粗犷的线条来塑造质朴、健美的艺术形象，集江南文化与西洋文化于一体。

而具有“画绣”美誉的上海顾绣，又展现了上海民间绣艺与文人画的结合。顾绣源于明嘉靖年间，原露香园主顾名世的妾室缪氏擅绣人物、佛像，又有顾媳韩希孟仿宋元画入绣，劈丝精细，绣品气韵生动，于是名噪一时。绣品多为家庭女红，世称“韩媛绣”，多用于家藏或馈赠，又因与当时著名大书画家董其昌有一定的渊源而名扬全国，同侪不能望其项背。

再如海派玉雕，一般都认为源于苏作。在近一百六十年的时间里，海派玉雕推陈出新、兼容并蓄，在江浙地区玉雕艺人雕刻风格的基础上，既融汇扬帮、苏帮、南帮以及宫廷玉雕的工艺风格，又继承了中国明清玉雕精华，博采众长，注重题材和故事性，在“细腻”上下功夫，从而独树一帜。

保护好、传播好、利用好这些珍贵的非物质文化遗产，振兴上海传统工艺，对于传承与发展中华优秀传统文化，涵养文化生态，丰富文化资源，增强文化自信，打响文化品牌具有重要意义。为此，上海市文化和旅游局组织编写并推出了《文化上海·典藏》系列的又一部重要作品《上海非物质文化遗产精品选》，精心挑选列入国家级、市级非物质文化遗产名录的传统工艺项目45项，收录这些重要项目的代表性作品共计三百余件（套），通过精美的图片和生动的文字，讲述上海城市文脉，展示上海非物质文化遗产的独特魅力。

近年来，党和国家高度重视非物质文化遗产保护工作。近期，中共中央办公厅国务院办公厅发布《关于进一步加强非物质文化遗产保护工作的意见》等一系列重要政策，对我们的工作提出了前所未有的新要求，这将不断鞭策我们继续前行。这部重要作品，将是我们工作的新起点。

本书编纂工作中如有不当之处，敬请读者批评指正。

文化上海·典藏

目 录

文化上海·典藏

绣象万千

顾 绣

顾绣，俗称“画绣”，起源于明代松江顾名世家族。顾家女眷擅长刺绣，尤以顾名世孙媳韩希孟的绣品最为出色，她曾以宋元名画为粉本，以针代笔、以线代墨，成为独立的欣赏绣品，因此“顾绣”也称画绣。韩希孟的《宋元名迹册》和《花卉虫鱼册》精美绝伦，成为传世珍品，影响深远。

顾绣先开融画理入绣之风气，以松江画派画理为刺绣指导，提倡画绣合一，并强调用绣艺真切地传递书画的水墨神韵。顾绣在劈丝、配色和针法等技巧上独具一格，其针法构成和中国画工笔相仿。丝线配色的深、浅、浓、淡，自然浑成，有如晕染，讲究齐、光、直、匀、平、薄、顺、密、细。

顾绣技艺不仅在传承人的工作室里得以传承，还走进高校和社区。人们传承这一文脉，追求画理与刺绣技艺的融合，运用细腻雅致的手绣工艺，表现中国画的笔墨韵味。绣品清秀典雅，富有灵气。近年来，又发展出双面绣，代表作有《寒雀图》《画眉蔷薇图》等等，风格清新，用色文静淡雅，用丝细腻，耐人寻味，呈现出绣面的笔墨韵味和艺术效果，成为现代顾绣中的优秀作品。

主要代表作品有《东山图》《花卉虫鱼册》《停琴伫月图》《仕女图》《群鱼戏藻图》等。

顾绣于 2006 年被列入第一批国家级非物质文化遗产名录，代表性传承人有戴明教（已故）等。

丝线

未完成的顾绣作品

日本仕女图

作者：戴明教

年代：1987年

规格：34×30.5cm

作品采用铺针、乱抢针、施针、盘抢针、打籽针、刻线、滚针等针法，是当代顾绣作品中针法最为丰富的一幅精品力作。作品色彩鲜亮明快，发髻的毛发细腻有序，光滑红润的脸颊过渡自然，是在传统顾绣文人画风格上的发展和突破，融艺术性和装饰性于一体，手法独特，别具韵味。

调良图

作者：朱庆华
年代：2009年
规格：19×8cm

作品采用乱抢针、铺针、施针、短针、别梗针、齐针、接针等针法。原作为元代赵孟頫的画作。绣品很好地表现了马儿低头的姿态与随风飘动的鬃毛和马尾，以及人物的姿势和衣服迎风飘动的状态，动物与人物一背一迎，两者之间既对立又相呼应。

苹婆山鸟图

作者：吴树新
年代：2010年
规格：18×15cm

作品中苹果的丝流走向依附于苹果的自身结构，能够很好地旋转表现物体圆形的结构，颜色过渡自然柔和，小鸟在枝头叽叽喳喳，表达果实成熟带来的喜悦。

泼墨仙人图

作者：高秀芳

年代：2006年

规格：27.3×48.5cm

原作为宋代梁楷的大写意人物画，由高季芳历时14个月完成绣制，采用铺针、齐针、施针、虚实针等针法表现泼墨画的韵味，诠释墨与水的融合与渗化，画面自然、统一、完美。

花卉

作者：富永萍

年代：2011年

规格：28×22cm

作品采用乱抢针、铺针、施针、别梗针、齐针等针法。绣者准确把握自然界植物的形态、色泽及生长规律，并运用到刺绣中，使绣品达到了应有的精准与品质。

红叶喜鹊

作者：钱月芳

年代：1996年

规格：50×95cm

以张大千绘画为蓝本，结合了写意和工笔画的技法精心绣成。画中的树干用深浅不一的墨色丝线，劈线细腻，表现出干、湿、浓、淡的笔迹效果。红叶选用平齐顺针法，线条挺拔，生动活泼。多种针法绣出喜鹊的翅膀、脚爪、嘴，羽毛轻柔自如，姿势坚挺生动。整幅作品大方逼真，如见原画一般。

上海绒绣

绒绣，又称绒线绣，最早起源于欧洲，二十世纪初由西方传入上海。作为近代开埠最早的城市，在江浙吴越文化与西方文化不断交融中，上海逐渐形成了独有的海派文化，而上海绒绣也正是在这样的文化氛围中，成为了具有上海独特风格的艺术门类。

绒绣是用彩色羊毛绒线，在特制的网眼织物上，一格一针或数针绣制。由于绒线本身具有纤维的毛绒感，绣品有着粗犷浑厚的庄重质感。细部的刻画是制作绒绣像的关键，每一针就是一个小色块，一个画面需要用少则几万个、多则几十万个小色块来表达。绣制时随画换线、因彩施色，染色达 1700 多种，因而作品表现力丰富，对比度强。

二十世纪六十年代，绒绣的制作工艺有了较大突破，探索和实践了多人合作的大型作品。经过近半个世纪的实践，上海绒绣在形、神、色、光、工等方面都达到了更高水准。上海绒绣尤以创作外国领袖肖像见长，作品形象逼真，感染力强。在技艺上，充分发挥和运用绒绣工艺中的劈线、分股、拼线、复色等专业技艺，将原本丰富的色线进行排列组合，产生无限种色，使画面能表现出色彩变化，丰富微妙，过渡自然，层次复杂而分明，富有真实感，因而被称为“东方的油画”。

上海绒绣于 2011 年被列入第三批国家级非物质文化遗产名录，代表性传承人有唐明敏、李蔷、范碧云、许凤英、高婉玉、汪振男、许玉红、包炎辉等。

孙中山

作者：高婉玉

年代：20世纪90年代

规格：100×205cm

作品原稿取自孙中山先生的黑白照片，作者采用多变针法和混合绣法，以独特的色彩处理手法凸显了中山先生的伟人形象——庄重威严、神采奕奕，整幅画面立体感强，营造出油画般的独特效果。

西部风情

作者：唐明敏
年代：2001年
规格：115×82cm

作品运用了大量的拼色和接色技巧，来实现色彩的自然过渡和明暗界面的梯度变化。孩子的跨步、老牛前行时踢起的灰土、牛腿上飘动的毛，使画面充满了动感。老牛的壮实、觭角的坚硬，增加了画面的力度。孩子脸庞的稚嫩感、红色皮袍的厚重感、老妇人的凝重感和耕牛的憨厚感，给人带来了浓重的原生态质感。

上海外滩夜景

作者：王丽萍、唐明敏
年代：2004年
规格：174×90cm

作品取材于欧阳鹤先生的摄影照片，用寒暖线色的交接完美地表现上海外滩的夜景、紫红色的夜空。夜幕下不同时代、不同风格的万国建筑，虚实变幻的灯光，波光闪动的江水，楼宇在水中的倒影，都生动地展现了上海这座国际化大都市光辉灿烂、生气勃勃的景象。

平遥古城

作者：王丽萍

年代：2006年

规格：90×90cm

绣制者运用大量细针、半针，精雕细刻屋檐群塑和楼廊空间，以罩、克、嵌等精湛技艺生动展现了平遥古城的风貌。整幅绒绣的用色斑斓浓重，给人以质朴纯正之感。古城的街道和天空，以及两侧林立的商场店铺，用色明快而富有变化。

敦煌眷属

作者：许玉红

年代：2010年

规格：83×143cm

作者将油画调色技艺运用于绣制过程，通过不断的劈线拼色，把原先色彩较单一的绒线，变得丰富含蓄，再逐针绣制，使作品呈现出西洋古典油画的效果，淋漓尽致地表达了原作中的远古气息，将敦煌人物的婀娜体态和圣洁宁静的神情烘托得异常空灵和深邃。

父老乡亲

作者：孙原丘、汪振男

年代：2011年

规格：60×84cm

绣者对原作的黑白色进行了艺术的再创作，选用手工染色的羊毛线，通过劈线拼色、层层加色的技法，细腻地刻画了一个饱经沧桑的老父亲的形象。

牧羊女

作者：汪振男

年代：2005年

规格：122×91cm

作品取材于19世纪法国最杰出的现实主义画家米勒的名画，绣者运用了油画写实的手法和绒绣的各种技法，细腻地刻画了暮色中成群的羊儿和低首祈祷的牧羊女，从中人们可以感受到充满诗情画意的田园气息。

伊丽莎白女王像

作者：李蔷
年代：现代
规格：57.5×74cm

此作品是恒源祥绒绣原创工作室为2012年英国女王登基60周年而绣制。为表现女王皇冠上的钻石和衣饰上的宝石，采用劈线技法，并进行了羊毛线拼掺丝线的创新尝试，达到了出色的艺术效果。

托马斯·巴赫像

作者：李蔷
年代：现代
规格：59×80.5cm

此作品是恒源祥绒绣原创工作室为历任国际奥委会主席绣制的绒绣像的第九幅。此幅绣像2014年8月由现任国际奥委会主席托马斯·巴赫亲自启针，绣像充分体现出“东方的油画”——海派绒绣细腻、典雅的艺术风格。

三林刺绣技艺

三林刺绣古称“筠绣”，是一种用绣针引彩线，按设计的花纹在纺织料上刺绣运针，以绣迹构成花纹图案的传统手工技艺，以线细、针密、针法多样、色彩丰富、精制细腻不留针线痕而著称。清康熙年间，顾氏家族女眷顾玉兰在三林广招学徒，传授顾绣技艺，经过三十多年的发展，形成了三林刺绣。

三林刺绣在本土绣的技艺基础上，融合了中国传统四大名绣的精华，同时创造了地方绣技艺，并在现代不断融入时尚元素。三林刺绣包含一百二十多种工艺，其中最值得一提的，是三林独创的“抽、拉、雕”三大手法：“抽”，是在丝绸上抽掉几根丝，形成一定的几何图案；“拉”，是用针线将丝拉成各种各样的花纹图案；“雕”，是用剪刀剪掉平面上一些部位，再“雕”成镂空的立体图案。因为在图案、构思、色彩、工艺上敢于大胆创新，三林刺绣更符合现代人的审美需求，受到市场欢迎。

三林刺绣作为上海三林地区特有的地方刺绣形式，是上海地域文化中最具代表性的绣艺流派之一。在漫长的历史发展过程中，三林刺绣已渗透了地方民众的精神、习惯、心理、感情和审美方式，作品贴近人民群众的生活，与民众的生活方式、生活特点和生活情趣密切相关。

三林刺绣于 2007 年被列入第一批上海市非物质文化遗产名录，代表性传承人有康美莉、周蔚纹等。

福龙

作者：康红妹、康红玉

年代：2013年

规格：50×50cm

中国的福字字体有上百种，此件作品选取了其中的一种字体,由两个“畐”字合并成一个大福（双福），并把中国传统的龙融入到两个福字当中，两侧蝙蝠也寓意“福”。在技术上，作者运用了抽、拉、雕的绣法和浮雕的立体形式来加以表现。作品荣获2005年民族民间博览会金奖。

团龙

作者：周蔚纹

年代：2014年

规格：71×73cm

作品运用了平针、别针、刻鳞针、盘金和三林特有的抽、拉、雕等多种工艺制作而成，龙身熠熠生光，升腾飞跃，须发毕现，威风凛凛。四周围绕四大八小共十二只蝙蝠，成为吉祥的象征。

东方朔

作者：张惠珍、陈琴华

年代：2008年

规格：86×158cm

东方朔偷桃图，唐寅原作，现藏上海博物馆。银发长髯的东方朔手捧硕大的仙桃，一边疾步奔走，一边回首张望，其紧张、机敏之态栩栩如生。作品主要运用插针、镶针、切针、虚实针、勾边针等技艺，绣品劈线细至1毛（一根线的1/256），高超的制作技艺将原画散乱的笔触和人物的神态表现得淋漓尽致，惟妙惟肖。

十八学士图

作者：张惠珍、陈琴华

年代：2007年

规格：85×130cm

原图为绢本著色画，分四幅，分别描绘士大夫行乐于琴、棋、书、画的神情，此幅十八学士图即为宋人仿作四幅之一。

画面背景以稀针铺展，人物与亭台器物的刻画运用了齐针、套装、镶针等20余种针法，配以360余种颜色的丝线精心创作而成。刺绣中运用了接针、滚针、齐针、旋针、抢针、套针、掺针、施毛针、断针、鸡毛针、松针、借色绣、锦纹绣、盖针、扎针、稀针等几十种针法，充分体现了三林刺绣的高超技艺和艺术造诣。

福禄双收

作者：康红玉

年代：2015年

规格：63×63cm

作品寓意“有福有财”，在制作技艺上运用了平针、插针、稀针的工艺，劈线细至1-2丝，配色雅致，画面逼真，犹如水墨画。

鱼乐太极

作者：陈琴华
年代：2010年
规格：62×62cm

中心图案由盛开的牡丹和两条相绕而游的金鱼构成，牡丹象征富贵，双鱼象征吉祥、有余，并幻化出太极图的背景，犹如阴阳两鱼相容相生。刺绣针法主要是平针、插针和刻鳞针，鱼鳍和鱼尾部分在刺绣工艺上甚是精细，劈线细至1毛，精细的工艺制作使双鱼隐约透明，鱼尾在水中摇摆，极具灵动之感。

海派绒线编结技艺

一百多年前，绒线编结技艺从欧洲传入上海，当时的手工艺人将东方传统结绳技法与绒线编结技艺相结合，大大丰富了绒线编结的针法、花样、载体和应用场合，这些丰富多彩的编结技艺在上海汇聚发展，逐渐形成海派绒线编结技艺。

海派绒线编结技艺始终与上海的经济、文化及社会形态紧密联系，它发轫于十九世纪末，兴盛于二十世纪二三十年代，以冯秋萍、黄培英、鲍国芳等为代表人物。她们的技艺开创及传承活动均主要在今黄浦区境内。

海派绒线编结技艺见证了中国民族毛纺织业的发展，经由几代人的传承发展，成为海派文化的一种生活方式和文化形态被保留下来，传承至今，具有独特的艺术价值。编结方式主要有棒针编结和钩针编结两种，作品层次分明，立体感强。作为实用与艺术完美结合的手工技艺，海派绒线编结具有最为广泛的参与性。以李黎明为代表的传承人，在继承和发扬前人技艺特长的基础上，深入挖掘传统文化元素，注重钻研不同线材、针法的组合效果。

海派绒线编结技艺于 2009 年被列入第二批上海市非物质文化遗产名录，代表性传承人有李黎明、励美丽、王逢、薛美凤等。

孔雀开屏

作者：李黎明
年代：当代

此为传承人李黎明的代表作品，作品采用一色系原料，用小型花朵点缀，勾绘出孔雀开屏的形状，给人以大气磅礴的感觉。

多彩民族风长裙

作者：李黎明

年代：当代

作品采用多彩绒线编织成各种几何形状，每个绒线块内的花纹内容形状各异，再将几何形状绒线块拼接而成。作品颜色鲜艳，富有朝气和视觉冲击力。

金缕衣

年代：2013年

此作为恒源祥集团于2013年复刻的绒线编结艺术家、教育家黄培英编结作品，采用龙飞凤舞针法，彰显海派绒线编结特色及黄培英镂空毛衣编结的独特技法。

《时式反领新装》

年代：2013年

此作为恒源祥集团于2013年复刻的绒线编结艺术家、教育家冯秋萍编结作品，采用了编、织、网、缠等编结技法，鲜明地凸显出海派绒线编结中西合璧的特色。

中式服装盘扣制作技艺

盘扣或称盘钮，以手工将长长的硬条回旋盘绕成各种造型，是传统中式服装用来固定衣襟或装饰的纽扣。盘扣由古老的“结”发展而来，在清初随着服饰文化的发展而兴起，沿用至今，留下了历史的印迹，兼具文化和艺术的审美属性。

漕河泾镇，元代称王家宅，明正德年间渐聚成市，明末清初建镇，后为上海县五大镇之一。镇上居民多为上海本地人，盘扣一直作为镇上女红的一项重要手艺在民间世代流传，相袭成风。

如今，盘扣不仅作为纽扣使用，还可独立观赏，是一种新颖的工艺美术作品。其制作工艺包括了盘、包、缝、编等多种手法，在样式设计、颜色搭配等方面也极为讲究。在中式服装盘扣制作技艺传承人珊丽娜·岚樱瑷看来，盘扣不仅蕴含着手工艺人的巧思和智慧，还表达出人们对美好生活的无限向往。多年来，她对于盘扣设计以及制作工艺进行了诸多创新，古老的手工盘扣融进了制作者的创造和智慧，有着极高的审美价值。

中式服装盘扣制作技艺于 2009 年被列入第二批上海市非物质文化遗产名录，代表性传承人有珊丽娜·岚樱瑷等。

九曲引胜

作者：珊丽娜·岚樱瑗、宋滔

年代：现代

规格：150cm×70cm

大型盘扣“九曲引胜”，是对传统盘扣大小尺寸和表现手法的一次突破，将传统盘扣的小而精，转变为更大更复杂的题材，以精湛的工艺使盘扣这一传统“小玩意”更具视觉冲击力。

盘扣屏风梅兰竹菊

作者：珊丽娜·岚樱瑷、宋滔

年代：现代

规格：58×40cm

此作品运用抠、包、烫、编、盘、绕、缝、塞等技法，设计师大胆尝试渐变色塞芯，使作品鲜活生动，将“梅兰竹菊”四款盘扣装裱在红木屏风中，配上半透明的磨砂玻璃，意境深远，充满想象。背面由中国书法家协会副主席苏士澍先生题词，为作品更添一份色彩。

寿

作者：珊丽娜·岚樱瑗、宋滔

年代：现代

规格：80cm × 130cm

作品以书法原作为结构原型，赋予符合字体寓意的图案，并创新采用亚光塞芯、衬底等技法。

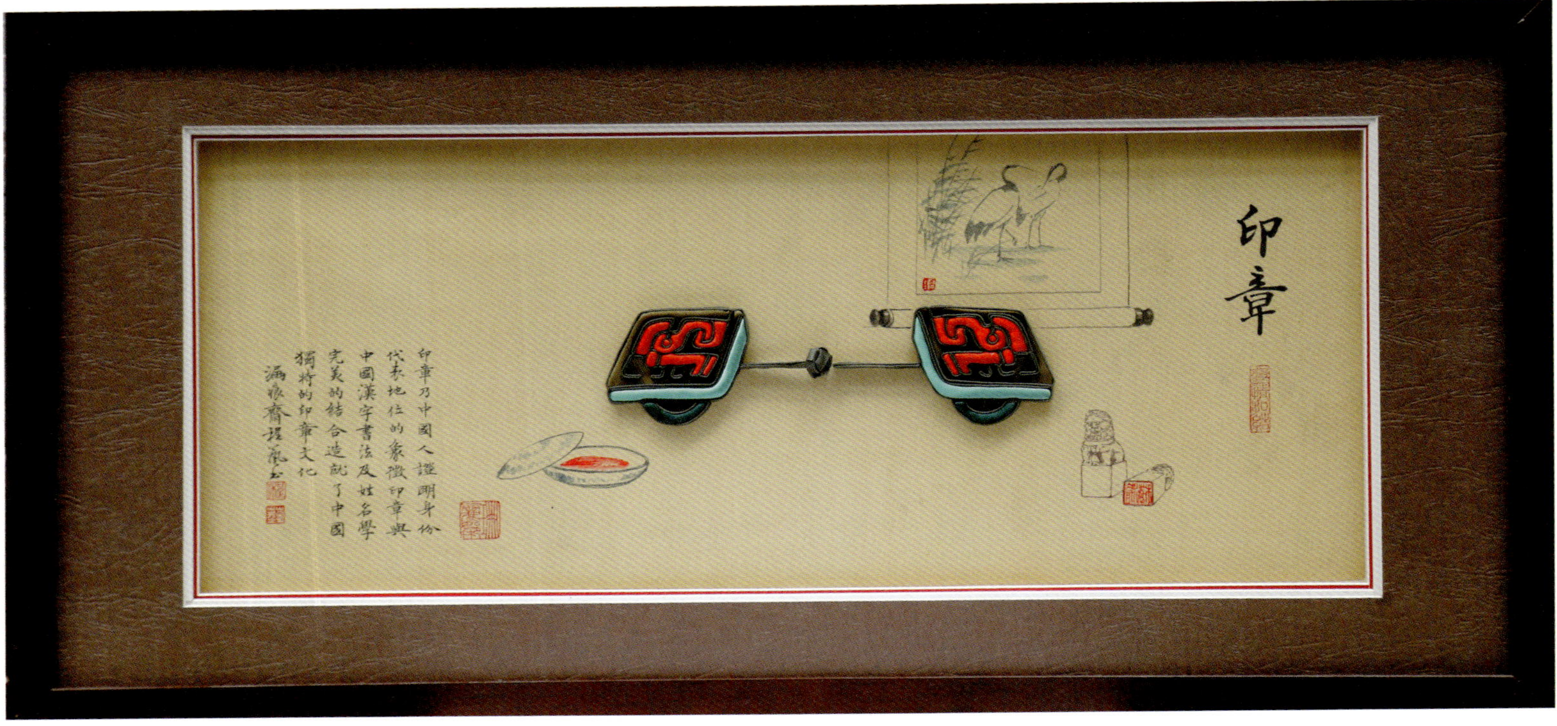

印章

作者：珊丽娜·岚樱竣、宋滔

年代：现代

规格：63×33cm

作品取材于历代印章，以传统盘扣技艺与中国传统金石文化相结合，设计师巧妙地将钮饰和篆刻表现在一个平面，运用抠、包、烫、编、盘、绕、缝、塞等盘扣技法，展示了印钮和篆刻的精美工艺以及盘扣的惊人创造力。

点亮辉煌

作者：珊丽娜·岚樱瑗、宋滔
年代：现代
规格：160×90cm

作品以中共一大会址为主题，运用抠、包、烫、编、盘、绕、缝、塞等盘扣技法，并结合西方美学讲究透视的观念，创造性地运用亮光、亚光塞芯，使盘扣技艺在具象题材的表现上更进一步。

紫砂壶

作者：珊丽娜·岚樱瑗、宋滔
年代：现代
规格：54×41cm

作者以紫砂壶为题材，运用抠、包、烫、编、盘、绕、缝、塞等盘扣技法，将紫砂壶古拙庄重、质朴浑厚的特点，表现得淋漓尽致。

中式服装制作技艺

中式服装制作技艺包括龙凤旗袍制作技艺、亨生奉帮裁缝缝纫技艺和培罗蒙奉帮裁缝手工技艺。

龙凤旗袍制作技艺源于苏广成衣铺，其历史可追溯到清乾隆末年。当时，上海已出现专做中式服装的“苏广成衣铺”，以苏州的精湛技艺和广州的新颖款式而著名。龙凤旗袍制作工艺的第一代传人朱林清，出身苏广成衣铺，1936 年创办了“朱顺兴”中式服装店，将传统中式服装制作技艺，运用到海派旗袍上，以精工制作、时尚高档的旗袍闻名沪上。龙凤旗袍的特色在于继承了濒临失传的镶、嵌、滚、宕、盘、绣的传统工艺；精选的面料和手工镂、雕、绣形成的图案，以及寓意吉祥的盘扣，体现了中国传统文化的特色。

奉帮裁缝起源于乾隆五十九年（1794），距今已有 200 多年的历史，“亨生”由奉帮裁缝徐继生在 1929 年创立。亨生的服装造型在继承了奉帮裁缝技艺的基础上，适当吸收其他各种版型的优点，结合中国人的体形特点，开创出亨生独特的时尚版型，即合身裹袖、线条流畅、贴近潮流。

划线裁剪

亨生服装制作工具

奉帮裁缝制作技艺讲究“四功”（刀功、车功、手功、烫功）、“九势”（胁势、胖势、窝势、戤势、凹势、翘势、剩势、圆势、弯势）、“十六字”（平、服、顺、直、圆、登、挺、满、薄、松、匀、软、活、轻、窝、戤），全靠推、归、拔、结、沉等手工操作，工序繁复，技术难度高，需要多年功力的积累才能实现。

中式服装制作技艺于 2011 年被列入第三批国家级非物质文化遗产名录，代表性传承人有徐永良、林瑞祥、吴文青等。

龙凤旗袍之吉祥如意织锦缎旗袍

作者：徐永良

年代：现代

此件旗袍是龙凤旗袍八大制作工艺的集大成之作。除绣以外，镶、嵌、滚、宕、盘、镂、雕等七大工艺都体现于此。两侧的“如意云头”是龙凤旗袍的一大特色，一般与滚边相结合，在滚边直线处向外扩展出云头纹，形成具有流动感的弧度尾梢。云头纹是流畅的“直线”与弯曲的“点”的结合，极富韵律与美感。

知识链接：**龙凤旗袍制作技艺八大工艺**

“镶” 为了让整件旗袍的花型图案更加靓丽，根据穿着者的个性，采用近似于旗袍本身颜色的真丝绸缎，裁剪成条状，把它“镶”在旗袍各个接缝处，使得各个图案有层次感，不过分单一。

“嵌” 旗袍固有的特色，通常就是根据“镶”条的颜色，再结合旗袍本身的颜色和花型图案的颜色，用特制的布料熨烫成1.5–2厘米的条状形，用手工缝制在“镶”条和大身的边缘之中。

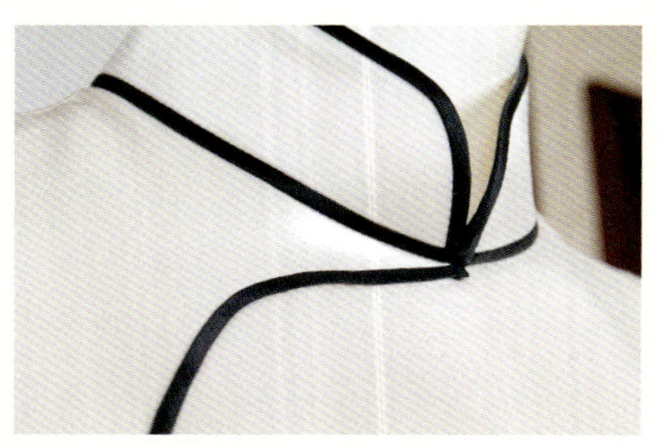

“滚” 沿袭了旗服的做法，采用旗袍本身的面料，单色的真丝绸缎在旗袍的领口、袖口、下摆、四周的边缘处进行手工缝制，增加了旗袍的美观，又使面料的毛边不会外露。

“宕” 用反差较大的真丝单色绸缎裁剪成流线型或波浪型，缝制在领口下方至袖口上方的胸口处，使旗袍富有张扬的感觉。

“镂、雕” 在丝绒及其他面料上用手工镂雕龙凤、如意、蝙蝠、花卉等各种精美图案。

“绣” 在单色的面料上用传统的手工刺绣方法绣出各种图案，使整件旗袍有极强的观赏性，又有艺术性。

“盘” 旗袍不可缺少的纽扣附件，在中装中称之为“盘”扣。采用真丝绸缎根据花型图案用手工弯曲成纽扣状，缝制在旗袍的各个开口处，使旗袍前后有个连接的过程，又产生锦上添花的美感。

龙凤旗袍之龙凤呈祥喜褂

作者：徐永良

年代：现代

喜褂，又称“龙凤褂”，“褂”指上衣，“裙”指下裳，运用金银线“卜心”刺绣工艺。裙褂上的图案多以龙凤为主体，其他图案还包括“福”字、“喜”字、荷花、蝴蝶、鸳鸯、蝠鼠等。

此件喜褂最大的特点就在于刺绣工艺与龙凤制作工艺的完美结合，刺绣画面整体以龙凤为主，飞翔于祥云、牡丹之上，立体盘金绣搭配平面盘金绣，主次分明，使龙凤更加栩栩如生，熠熠生辉。

龙凤旗袍之凤尾型盘扣

作者：徐永良

年代：现代

盘扣一般运用在旗袍领口上，或者以对襟、斜襟形式出现，也有用在套装上，不仅增添了独特的民族韵味，而且更显得典雅和清纯。

此作品由两根盘扣条紧密地盘结在一起，手法纯熟，形成大小统一的弧度，五条羽翼平均分布，自然上翘，体现了凤凰尾翼的灵巧和张扬。制作手法简而不空，繁而不乱。

亨生披肩（麾）

作者：亨生公司

年代：现代

规格：衣长123 cm　胸围117 cm

整件披肩没有拼接，即前、后片在同一块布料上一气呵成。裁剪时，平面旋转180°，在领围处挖个洞，在肩宽处拼个缝，双手从前片的两只通天袋伸出。关门领，两片前片有两个波浪，后片有两个波浪，两只袖子有八个波浪。在相对定位状态下，用立体裁剪的原理，使披肩的底边垂直时在一条水平线上，裁制难度相当之大。

亨生七扣青年装

作者：亨生公司

年代：现代

规格：衣长78 cm　胸围113 cm

此款青年装采用了青年装的口袋、学生装的立领、中山装的改良门襟，七扣，炮仗袋，圆下摆。一般常用于参加喜庆活动、舞台演出等场合。

培罗蒙黑色礼服

作者：培罗蒙西服公司

年代：现代

黑色呢礼服，一粒扣，镶黑色织锦缎枪驳领。款式雍容华贵，线条流畅，气度不凡。

培罗蒙红色全毛哔叽六粒扣中装

作者：培罗蒙西服公司

年代：现代

红色全毛哔叽六粒扣中装，门襟镶印花织锦缎，双贴袋，包纽。中装风格，融入中国红元素，整体典雅大方，充满喜气。

海派旗袍制作技艺

海派旗袍由满族旗装衍化而来，形成于二十世纪三十年代的上海，以中西合璧的立体剪裁工艺裁制而成，逐渐成为近代中国的代表性服饰之一。海派旗袍最显著的特点，是在继承老式旗袍传统技艺基础上的创新。

由于上海得风气之先，最早受到欧美服饰文化的影响，改制旗袍的尝试最早便在上海进行。海派旗袍的式样，显示了“曲线美”的特点，胸省和腰省的使用使旗袍更加合身，同时还出现了肩缝和装袖，使肩部和腋下也更加合体了，突破了传统的中国妇女忽略人体曲线的着装风格。旗袍在长短、宽窄、开衩高低及袖长袖短、领高领低等方面经过改良后，剪裁得体，合身服贴，能充分显示东方女性曼妙曲线而成为中国女装的典型代表。

海派旗袍最核心的部分即是精细的手工技艺，仅“量体”步骤就要求测量全身上下三十六处，纽扣花样更多达数百种。常见的装饰法主要有镶、滚、嵌、荡、盘、绣、贴等几种，进入立体造型时代的旗袍，大量运用各种镶边、滚边和嵌边等常用的特殊工艺手法来装饰旗袍。除此之外，旗袍的盘花纽扣装饰也极具特色，盘扣设于旗袍领部、襟部，采用的图案多为传统吉祥图案。另外，绣花、手绘也在旗袍装饰中广泛使用，起到了锦上添花的作用。

海派旗袍制作技艺于 2007 年被列入第一批上海市非物质文化遗产名录，代表性传承人有金泰均、李霞芳等。

清代刺绣镶边旗袍（粉色）

年代：晚清时期

收藏地：上海市群众艺术馆

这件晚清时期的旗袍是传世实物。以粉色真丝制成，袍身宽博，衣袖阔大。领口、前襟、袖口及下摆镶有织锦花条和绣花黑色镶边，镶边以刺绣花卉和蝴蝶装饰。衣袖上接有一段白色真丝袖口，名为“挽袖”，穿着时须将其挽起。这种款式为晚清时期宫廷女性最为流行的服装之一。

清代刺绣镶边旗袍（红色）

年代：晚清时期

收藏地：上海市群众艺术馆

这件晚清时期的旗袍是传世实物。以红色真丝制成，元宝领，宽袖口，腰际开衩，袍身宽博，为晚清时宫廷流行的款式，名为“氅衣”。袍身遍身满绣花卉和彩蝶，前襟、袖口、下摆镶以织锦花缘和黑色绣花镶边。整件旗袍绣工精致，装饰繁密，体现了晚清时期宫廷服饰的奢华繁复的风格。

近代刺绣旗袍

年代：近代

收藏地：上海市群众艺术馆

这件旗袍是近代传世实物。旗袍以粉色真丝缎制成，元宝领，单开襟，下摆双侧开衩。领口缀花型盘纽，前襟绣有龙纹。龙纹在清代为皇族贵胄专用纹样，普通民众不能僭越使用。民国成立之后，封建时代的服饰禁忌皆被废除，龙凤纹样一度成为服装上常见的纹样之一。

近代蕾丝旗袍

年代：20世纪40年代
收藏地：上海市群众艺术馆

这件旗袍是近代传世实物。旗袍以黑色织花蕾丝制成，无袖，单开襟，腰身紧窄，开衩适中。蕾丝为舶来品，随着当时上海商贸的繁盛由欧美输入，成为摩登女郎竞相追捧的时尚面料。蕾丝略有弹性，制成旗袍后，尤其显得女性线条分明，性感妖娆。

近代丝绒旗袍

年代：20世纪40年代

收藏地：上海市群众艺术馆

这件近代旗袍是传世实物。以蓝色丝绒制成，高领，短袖，长下摆，低开衩。前襟、袖口与开衩以同色真丝镶边，衣纽从腋下延至下摆。三十年代中后期，上海一度流行高领口、长下摆的旗袍，时人称为“扫地旗袍”，这件旗袍正可反映当时的流行风尚。

近代印花旗袍

年代：20世纪30至40年代

收藏地：上海市群众艺术馆

这件近代旗袍是传世实物。以蓝底印花真丝交织面料制成，长袖，短下摆，低开衩。镶边与盘纽皆无，装饰简洁。纹样造型为抽象设计，花型硕大夸张，色彩浓艳，蓝、黄的撞色更使印花纹样显得艳丽眩目。这件旗袍反映了当时受到欧美和日本等国的影响后面料纹样和色彩的新特点。

现代刺绣旗袍

年代：现代

收藏地：上海市群众艺术馆

这件旗袍是现代设计师的作品，仿照二十世纪三四十年代的流行款式制成。旗袍以白色真丝缝制，无袖，紧腰身，高开衩，领口、前襟及下摆均滚以宽边。旗袍以“竹”为主题进行装饰，前襟、下摆绣有竹叶，盘纽也制成竹节形，点缀在领口、前襟及腰际。

现代绣绘旗袍国色天香

年代：现代

收藏地：上海市群众艺术馆

这件旗袍是现代设计师的作品，以白色真丝制成，无袖，长下摆，低开衩。旗袍名为“国色天香”，以中国名花牡丹为主题进行演绎，前襟和下摆绣出大红牡丹，领口缀以牡丹盘纽。牡丹周围绘有中国传统的祥云、仙鹤、花叶等纹样，更以泥金颜料进行烘托，使整件旗袍凸显唯美华贵之气。

现代刺绣旗袍

年代：现代

收藏地：上海市群众艺术馆

这件旗袍是现代设计师的作品。旗袍以紫色真丝制成，将传统元宝领改为立领，使旗袍增添了礼服气息。前襟以银色丝线和钉珠绣出凤凰图案，凤头、凤身、凤翅几乎铺满前襟，凤尾则卷曲灵动，从前襟蜿蜒至下摆，造型优美华贵。这件具有礼服性质的旗袍款式大气，装饰精美，凸显出礼服的高贵与神秘之感。

现代绣绘旗袍

年代：现代

收藏地：上海市群众艺术馆

这件旗袍是现代设计师的作品。旗袍以黑色真丝制成，元宝领，无袖，低开衩，样式为经典款式，装饰则别具匠心。前襟从领口至下摆，满绣花朵、枝叶、禽鸟，花蕊、枝干、鸟羽则以银箔点染，在黑色真丝的映衬下尤显奢华唯美。领口以银色丝缎制成盘纽，与绣绘图案相互呼应，更是整件服装的点睛之笔。

香囊制作技艺

每逢端午，上海地区都有佩香囊、赛龙舟、挂菖蒲、吃粽子等民俗活动。其中，佩戴香囊的习俗，意在防疫祛病、避瘟驱毒、祈求健康。香囊又名香袋、花囊，也叫荷包，以丝绸或布帛制成，以各色彩线刺绣为饰，色彩绚丽，图案美丽，有装饰衣着、把玩欣赏之审美功用；又因填有特殊的中草药，兼有驱邪、除菌、醒神等功效。

佩戴香囊之习，最早可上溯到先秦时期。《礼记·内则》："男女未冠笄者，皆佩容臭。"容臭即为香囊。香囊这一专称，则出现于汉魏时期。唐宋时期，香囊是男女皆用的佩挂饰物，囊中所塞的香料也从一般的香草发展到名贵的檀香、沉香等。明清时期，香囊除具有装饰、留香、祛病、养生等功效之外，还有作为青年男女之间信物的功用。

香囊为纯手工制作，精巧的囊袋通过裁布料、定造型、刺绣、填香料、缝香囊、穿囊穗等工序制作而成，具有独特的工艺价值。香囊内填充的檀香、白沉香、白芷、川芎等名贵中药粉末，散发出芳香怡人的气味，可去味驱邪、除菌、醒神，具有特殊的保健养生作用。现代研究认为，中药香囊里的中草药散发的浓郁的芳香气味，能够兴奋神经系统，刺激机体免疫系统，提高身体的抗病能力。

香囊制作技艺于 2015 年被列入第五批上海市非物质文化遗产名录。

年年有余

作者：上海三林绣庄艺术品有限公司

年代：2015年

作品采用“双鱼”为题材，用“鱼”来表达年年有余之意。工艺上运用了三林特有的“抽”“拉”“雕”针法，颜色搭配鲜艳夺目，给人以喜庆、愉悦之感。

喜气洋洋

作者：荣庆堂

年代：2015年

作品制作的时间恰逢羊年，作者设计了一对“金童玉女”骑在羊背上的喜庆造型。此件香囊作品以丝绸和布帛制成，以各色彩线刺绣为饰，色彩绚丽。内中放入各种纯中药，如檀香、白沉香、白芷、川芎等，芳香怡人。

福禄寿

作者：高桥绒绣传习所

年代：2015年

这一系列作品采取绒绣技法制成，采用中国传统财神图案，显得憨态可掬，充满了喜庆的意味。

花儿笑

作者：唐洁

年代：2015年

作品选用农村的竹簸箕作为表现题材，以棉花布、黄麻布为材料，洋溢着浓郁的乡土气息，寓意着来年“盆满簸（钵）满”。

十二生肖

作者：陈美菊

年代：2015年

作品用各种颜色鲜艳的布帛制成了十二种生肖香囊，充满了生活气息。

水果拼盘

作者：盛霞佩

年代：2015年

作品突破了人们对传统香囊的概念，以拼盘的呈现方式，创造出不一样的美感。拼盘里有各种造型逼真的水果，色彩艳丽，趣味盎然。

甜蜜小屋

作者：张晶

年代：2015年

作品选取多彩布帛制作而成，将决明子等中药塞入香囊，外形呈现为一栋可爱的小屋，既实用又美观。

丝毯织造技艺

丝毯始于西汉，盛于唐代，历朝历代均为宫廷贡品。

上海最早生产丝织毯的机构，是民国十一年（1922）设在上海静安寺内的恒丰永地毯厂。上海第一条丝毯由陈禹豪先生制作。

上海丝毯采用纯天然蚕丝，进行多道工序加工，再手工编织而成，每一平方英尺需要手工打14400个8字结。主要工具有制作机台、刀、耙、剪、染色锅、平毛机、挂丝架等。一幅丝毯要经过设计、放大稿、点格、配色、算色、染色、制作、平毛、剪花、整修等工艺流程方可完成。

上海丝毯在继承和发扬传统工艺的基础上兼容并蓄，不断博采众长、开拓创新，在研发片剪新工艺上有所创新，让传统的平面丝毯走向立体丰满，形成软雕塑的视觉艺术效果。上海丝毯还率先采用榨蚕丝替代桑蚕丝的新工艺，使丝毯的颜色更加鲜艳逼真、光泽更加明亮柔和、手感更加细腻绵软。除此之外，传承人不断尝试创作新图案，设计上提倡素配艺术新风格，结合片剪的多种新工艺、新刀（耙）法、新色法，令面貌焕然一新，成功开创出海派丝毯艺术的新风格。

丝毯织造技艺于2019年被列入第六批上海市非物质文化遗产名录，代表性传承人为程美华。

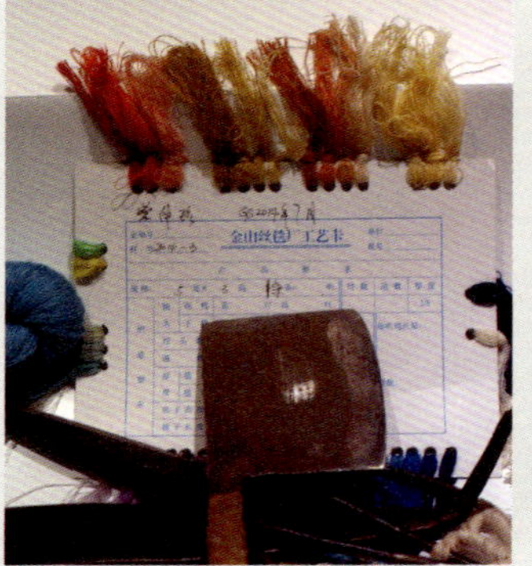

希望

作者：程美华

年代：2013年

规格：93×153cm

作品采用天然蚕丝手工编织，作品打破以往丝毯配色的常规，使丝毯颜色从一般的深、棕、浅等5组配色自然过渡到10组甚至20组，渐变的颜色让丝毯显得更加生动且富有灵气。

幸福之光

作者：程美华

年代：2015年

规格：122×183cm

作品采用天然蚕丝手工编织而成，经过上经线、挂经线、打底子、挂穗子、描图、编织、打粗纬、打细纬、剪花毛等近百道工序，以迷人的色彩营造出闪烁的视觉效果，画面之中充满内在的和谐与美好。

俯仰之间

嘉定竹刻

嘉定古称“疁城”，今上海市嘉定区。南宋嘉定十年（1218）建县，至今已有近八百年的历史。嘉定地处吴中，为典型的江南水乡，自古风物清嘉，绿竹猗猗，小桥、流水、人家的周围，是竹的海洋。

嘉定竹刻源于明正德年间，至今已有近五百年的历史。“以刀代笔，以书法刻竹”是嘉定竹刻的主要技艺特点，它将书、画、诗、文、印诸艺术融为一体，赋予竹子以新的生命。嘉定竹刻作品有淡淡的书卷气和金石味，风雅绝俗，是历代文人的雅玩。

嘉定竹刻的样式有以竹筒和竹片制成的笔筒、香薰、臂搁、插屏、抱对等，还有以竹根雕成的人物、山水、草木、走兽；其技法有浅刻、深刻、薄地阳文、浅浮雕、深浮雕、透雕、圆雕等十余种，具有明显的地域性和鲜明的原创性；其题材丰富，有历史传说、戏曲故事、宗教人物、山水草木、飞禽走兽等，形式多样。

嘉定竹刻从明代发展至今，传承有序。从风格、样式、技巧乃至审美趣味等各个方面，对历代竹刻大师的雕刻语言加以体悟和提高，成为当代竹刻传承人的用心着力之处。

嘉定竹刻于2007年被列入第一批国家级非物质文化遗产名录，代表性传承人有王威、张伟忠等。

圆雕水牛竹刻摆件

作者：佚名
年代：清代
规格：26.5×4.5×7.5cm

作者巧妙利用竹根的平卧之势，采用圆雕工艺，刻出一头卧伏的水牛。水牛体形健壮，神情温顺，一副憨态可掬的样子。其昂首前视，双蹄侧卧，牛尾巧借凸出的竹节，表现出灵动之感。此器打磨莹润光滑，包浆老道，造型富于匠心。

圆雕双鱼竹刻摆件

作者：佚名

年代：清代

规格：7.1×1.6×5.5cm

双鱼是佛教八宝之一，代表佛的双目，佛眼慈视众生，为智慧的象征。同时在中国传统文化中，鱼又代表年年有余，蕴含吉祥之意。双鱼齐头并列，鱼尾翘起，颇具意趣。该摆件较好地运用了圆雕、深刻、浅刻等多种技法，将双鱼的姿态表现得鲜活可爱。

如意

作者：张伟忠

年代：当代

规格：长40cm

此作取妙吉祥之意，源自佛门法器。如意是一种传统的吉祥物，也是一种心灵的状态。外求形，内取意，可谓竹如意，人如意，竹人如意，人人如意；人如竹，竹如人，个个如意，节节如意。

浅浮雕嘉定三朱插屏

作者：张伟忠

年代：当代

规格：高40cm

此组雕由三件竹片合成，旨在表现“三朱”的人格意趣。创作中注重线与面的内在关系，吸收留青技法的虚实变化，着重意境的表达。关键处用点、刹手法来提神，传承了清代吴鲁珍的雕刻技法。

竹根雕松下高士纳凉

作者：王威
年代：2013年
规格：18×10×24cm

作者运用嘉定竹刻的圆雕技法，以竹根为材料，雕刻成这件作品。制作一个好的竹根雕，除了要有娴熟的雕刻技术外，更需要对材料的深入挖掘和造型的巧妙构思。这件作品恰到好处地利用了竹根造型和材质的特性，精致细腻地表现了人物和背景。

夏日清趣图浮雕笔筒

作者：王威

年代：2012年

规格：14×14×16cm

作品选用相邻的两节竹筒，用浮雕的技法，在竹筒的外壁雕刻了竹枝和一只正在欢快鸣叫的纺织娘，表现出一个夏日清凉的场景。

修心图摆件

作者：王威

年代：2012年

规格：33×7×14cm

作品采用浮雕技法，塑造古松下一罗汉，手持一钵，钵中一缕清烟缓缓飘于前方。摆件将留皮作为整个画面的留白来处理烟云，而罗汉脸部则重点加以雕刻，表现出罗汉的超凡神态。

松下对弈图摆件

作者：王威

年代：2012年

规格：7×5×14cm

此件作品采用了双面立体雕的技法。山岗之上，古松之下，二个高士正在对弈。其中一个下了一步好棋，险胜对方，在一旁的观者翘起拇指，赞叹不已。

黄杨木雕

木雕艺术在我国有悠久的历史。黄杨木以其紧密、坚韧的木纹成为理想的雕刻材料，有“木中象牙”之称。海派黄杨木雕艺术是上海开埠时期孕育的雕刻艺术，十九世纪四十年代在上海徐汇区逐渐成熟。经过漫长的发展历程，形成了海派木雕风格，有着鲜明的艺术特色和价值。

海派黄杨木雕的特点是中西融合、古今贯通，将西方素描技法、线条表现和雕塑技巧与中国传统雕刻技法相结合，继承传统而又大胆创新。其雕刻技法圆润明快，注重以凝练的刀法、立体的造型创造形神兼备的作品。艺术风格上，以写实的现实主义为基调，讲究作品的寓意。在作品表现上，善于捕捉生活中最灵动的瞬间，予以艺术化表现。题材选取上，不仅有浓郁的生活气息，同时又有生动的民族元素，如历史典故、民间故事、神话传说、传统道德人物、传统吉祥图案、传统民间游戏、民间技艺、农村题材等，洋溢着浓厚的文化韵味和艺术灵气。

徐宝庆是黄杨木雕技艺的代表性传承人，经过七十多年的艺术锤炼，他将木雕艺术发展为有着独特理念和艺术风格的木雕派别，形成一个完整的海派黄杨木雕艺术体系。

海派黄杨木雕于 2008 年入选第二批国家级非物质文化遗产名录，徐宝庆及其弟子毛关福等是海派黄杨木雕项目技艺的代表人物。

三英战吕布

作者：徐宝庆
年代：现代
规格：51×8×23cm

作者利用黄杨木的坚韧特性，大胆布局，将张飞和吕布凌空挑出底座之外，将刘备、关羽置于底座上，形成追赶的动势，张飞跃马直指吕布，吕布也利用他的赤兔马腾空突出重围。通过动态的形象刻画，使观者看到一个激烈厮杀的壮观场面。

张飞打督邮

作者：徐宝庆
年代：现代
规格：高22cm

作品着重表现"揪"的瞬间，细微地刻画了张飞双目圆瞪、怒火中烧的形象，同时又将贪官督邮的狼狈嘴脸刻画得惟妙惟肖。

千里走单骑

作者：徐宝庆
年代：现代
规格：高19cm

在这件作品中，关羽骑在赤兔马上，表情严肃坚定，通过对其神态和动作细致入微的刻画，表现了整件作品的主题——忠肝义胆、千里寻兄。

春耕系列

作者：徐宝庆
年代：20世纪60年代

这套系列作品包括《春耕》《播种》《抽水》《收割》《脱粒》等 。人物造型线条流畅，精准把握了正在从事农业生产的劳动者们昂扬的精神状态。作品极富动感，不仅烘托出了如火如荼的劳动场面，而且还传达出了浓郁的生活气息。

舞狮龙

作者：徐宝庆
年代：20世纪60年代
规格：525×12×12cm

作品传承海派黄杨木雕的风格，讲究人物的表情和动态；作品中舞龙舞狮的各少数民族儿童动作各异，姿态生动。在用料上使用整段黄杨木，将舞动的长龙作为主体，将翻腾的龙身作了合理布局；尤其是舞龙者手中支撑长龙的木棍，从不同角度巧妙连接了龙身的各个部位，使整个结构得到了支撑，避免了材料横向纹理容易折断的弊端，作品也显得更加灵动活泼。

白毛女

作者：毛关福
年代：现代
规格：17×22cm

作品通过舒展的肢体语言、丰富的表情刻画，表现了喜儿获救后彻底翻身、重新开始新生活的一幕。

小宝贝

作者：毛关福
年代：现代
规格：10×20cm

作者将西方素描、雕塑技巧与中国传统雕刻技法相结合，善于捕捉生活中最灵动的瞬间，注重以凝练的刀法、立体的方式创造形神兼备的作品。这件木雕展现了少女与宠物之间的亲密关系。

石　雕

石雕是以石为材料的雕刻，是中国传统工艺之一。古代多雕刻玉石制成器物，近代更有许多具有地方特色的石料雕刻闻名于世，如浙江东南的青田石雕，福建福州市附近的寿山石雕。上海的石雕制作取材广泛，以苏州澄石、甘肃洮石、广东端石、安徽歙石等为材料。

上海的石雕艺术具有浓厚的海派风韵和生活趣味，比如把海滩上常见的贝壳、海螺、海马、蟛蜞、海龟等再现于石雕作品中；此外花鸟虫草、蔬菜水果也是石雕取材的对象，如田园中的蟋蟀、瓢虫、螳螂、瓜果、藤蔓、树桩等，又如“冬笋壶”“玉米壶”“丝瓜笔筒”等，都被刻画得活灵活现，巧夺天工。石雕艺术家们以写实的雕刻风格，将自然界的动植物与实用壶体巧妙结合起来，变成一件件赏心悦目的艺术品。

上海的石雕技艺将木雕技艺融于石雕之中，其技法的多样性和细腻性已超越了传统的石雕艺术。根据作品的需要，采取或深雕、浅雕、浮雕、立体雕，或实雕、镂空雕等技法，使作品精致细腻，棱角分明，立体感强，神态栩栩如生。

石雕于 2007 年被列入上海市第一批非物质文化遗产名录，其代表性传承人有刘恩同、陶昌鹏、王金根等。

横担捆柴壶

作者：刘恩同
年代：2001年
规格：17×9×8cm

作者以圆雕技法创作的这件作品，造型新颖独特，像是一捆用竹条紧紧捆绑的柴火，有枯木也有干竹；壶嘴和壶把则是一根老树干，从柴捆中脱颖而出。干裂的树皮、苍老的树纹，都像是历经了风吹日晒。

田园清趣

作者：刘恩同
年代：2006年
规格：16×9.5×8cm

作品的创作灵感来源于乡村采风。作者挑选细密坚硬、颜色均匀的绿端石，精巧构思，以圆雕技法刻成造型逼真的牛心菜，菜叶的筋纹脉络中透着新鲜气息；牛心菜上一只鲜活的蜗牛正怡然爬行，为这件作品增添了动感和童趣，充满了盎然的田园气息。

树桩笔筒

作者：刘恩同

年代：2005年

规格：13×12.5×13.5cm

作品的造型像是截取的一段枯木树桩。树桩上裂痕斑驳，树干上树瘤错落；笔筒底部的年轮疏密有致，树缝里还可看见清晰的木纹。技法上采用全手工立体雕刻，大小、高低、凹凸的关系处理得当。

竹言系列

竹，自古以来就被贤哲雅士所仰慕，其“本固、性直、心空、节贞”的特性更被拟人化，成为高尚人格的象征。《竹言系列》是刘恩同在不同时期创作的以竹为题材的石雕作品，表现出竹子的各种形态及优美韵味。作者用无声的语言，表现竹子枝疏叶柔的清新高雅，“未出土时便有节，及凌云处尚虚心”的谦虚胸怀，或历经沧桑却宁折不弯的高尚情操。作者细致观察生活，品味竹子的细微之处，再现了竹子所象征的气节和情韵。《竹言系列》作品技法上以圆雕为主。

冬笋壶

作者：刘恩同

年代：2008年

规格：16.2×7×8.2cm

竹编砚

作者：刘恩同

年代：2010年

规格：7.2×7×2.5cm

竹节壶

作者：刘恩同

年代：2006年

规格：18.5×12×6.5cm

秋日虫鸣

作者：刘恩同

年代：2005年

规格：14×8×5cm

古币石壶

作者：陶昌鹏

年代：20世纪80年代

规格：24×18×9cm

石壶的创作原型为出土的历代钱币，造型端庄，壶钮设计成两个贝壳，为古朴的壶型增添了一份活泼。作品采用立体雕与深浮雕相结合的技艺，逼真地再现了古钱币的质感。

竹报平安石砚

作者：陶昌鹏

年代：20世纪80年代

规格：15×8×9cm

作品以老竹段作为石砚的艺术造型，选用名坑端溪石，根据石品、纹理、质感进行雕刻，采用立体雕与浅浮雕相结合的技艺，使整件作品体现出一种洗练的气质，疏密有致，虚实相间。作品取名“竹报平安”，寓吉祥之意。

万年佛手石壶

作者：陶昌鹏

年代：20世纪80年代

规格：16×9×8cm

作者以“果中之仙品，世上之奇卉”佛手为原型，选用名坑端溪石，采用立体雕刻与浅浮雕相结合的技艺，创作出这件石壶。整体造型就像是一个横卧的佛手果，壶身是紧握的手掌，壶把由枝条弯成，枝上节疤点点，壶顶是一朵佛手花卉做成的壶钮，尽显自然情趣。

火红家园石壶

作者：陶昌鹏

年代：20世纪80年代

规格：15×11×6cm

此件作品从农家存装辣椒的生活用具中得到灵感，雕工细腻，纹路清晰。呈扁圆形的扁箩，像是用一条条纵横交错的竹条编成。箩中盛满了辣椒，寓意生活“红红火火”。

八宝箱石壶

作者：陶昌鹏

年代：20世纪80年代

规格：25×18×5.2cm

作品选用端溪石为创作原料，采用立体雕刻与浅浮雕相结合的雕刻技艺。石壶的造型、结构、肌理均具匠心，丰富多彩，虫柱、锯齿、刀迹等表现得自然真切。取名“八宝箱”，与“朽木不可雕也”之意恰好相反，证明用各种腐朽之木也可制成一柄“宝”壶来。

知足常乐石砚

作者：陶昌鹏

年代：当代

规格：22×8×3.5cm

作品以毛竹为创作原型，选用名坑端溪石，采用立体雕刻与浅浮雕相结合的技艺。作品反面的竹间中隐藏着一只小蜘蛛，“蜘”“竹”与“知足”谐音，寓意“知足常乐”。

紫檀雕刻

紫檀雕刻工艺是以紫檀为主材的一种传统雕刻工艺，包括其他的红木雕刻。上海的紫檀雕刻工艺是在十九世纪开埠之后，随着经济的发展而成长起来的。各地名师云集，技艺交融，逐步形成兼收并蓄的海派紫檀雕刻工艺。

海派紫檀雕刻工艺把西方雕塑技法巧妙融入中国传统工艺紫檀雕刻中，在继承传统工艺的基础上，开拓创新了紫檀根劈雕技法，把中国画大写意贵在“似与不似之间”的意境，融入到根劈雕创作之中，用刀斧劈释放出紫檀材质的自然美感，用精雕细刻表现出丰富的人物神态，粗细合一，浑然天成。

海派紫檀雕刻在继承、发展传统的基础上，形成了一套全面、完整、独特的雕刻工艺，其工艺制作的主要步骤为：选、绘、雕、磨、漆。整个工艺流程的关键在于雕刻技法上，要方中见圆、圆中寓方，求得工艺与技巧上的变化与统一。主要技法包括线雕、浮雕、透雕、圆雕、贴雕、通雕、根雕等。

紫檀雕刻于 2011 年被列入第三批国家级非物质文化遗产名录，代表性传承人为屠杰。

拼搏

作者：屠杰

年代：1998年

规格：46×13×38cm

作品刻画的是牛与虎拼死搏斗的场景：牛为了求生，不得不以全部的力气与虎搏斗；牛全力抵住仰面朝天的虎，将其逼至悬崖峭壁；虎濒临险境而竭力反抗。作品运用圆雕、透雕技法，刀法流畅，细微分明，形象活跃生动。

双龙戏珠

作者：屠杰

年代：1993年

规格：16×9×56cm

作品运用圆雕、透雕等技法，精雕细刻。龙目炯炯，龙须遒劲，龙鳞细密，形态生动。

济公与蟋蟀

作者：屠杰
年代：1993年
规格：36×17×36cm

作品取材于济公为百姓打抱不平、用蟋蟀戏弄王公贵族的故事，刻画了济公得胜之后的轻松神态。运用圆雕、通雕技法，细腻生动地塑造了人物形象。

龙凤观音

作者：屠杰
年代：1993年
规格：56×30×106cm

作品中的观音低垂双眼，立于莲花宝座之上，左臂曲于胸前，张开手掌伸指向天，右臂垂于身旁，手持净瓶，滴洒甘露以润泽四方；她的头顶上有一翔凤，足边有一卧龙；莲花宝座下水流湍急，迸溅出颗颗水珠。作品运用圆雕、劈雕技法，取材得当，布局合宜。

金秋蟹肥

作者：屠杰

年代：1992年

规格：17×17×23cm

作者采用圆雕、镂雕、浮雕等技法，精雕细刻成此作品。绳襻柔软自然，蟹篓造型完美，螃蟹形象鲜活生动，充满了“九月团脐十月尖，持螯饮酒菊花天”的诗情画意。

农家乐

作者：屠杰

年代：1992年

规格：60×17×35cm

作品表现的是雄鸡报晓、群鸡和鸣、老牛憩息的田园生活场景，恬静祥和，别有情趣。运用圆雕、镂雕、透雕、通雕等技法，刻、挖、剔、磨等兼施并用，塑造了生动活泼的形象。

缠枝番莲多宝格

作者：喻立新

年代：2004年

规格：18.5×18.5×24cm

缠枝莲作为传统吉祥纹样，又叫万寿藤，寓意吉庆多福。作品中朵朵丛生的莲花，委婉多姿，优美生动，不仅充满吉祥喜庆之气氛，更有生生不息之寓意。主体四周又辅以镂空雕刻，不仅使作品蕴含了一份大气，又显得典雅雍容。

福寿禄

作者：喻立新

年代：2006年

规格：31×30×56cm

巍巍苍松寂然挺立于天地间，左侧枝椏间松果硕硕，根根松针若春日新芽勃发其间，生意盎然。常言良禽择木而栖，寓意长寿的仙鹤、代表福气的蝙蝠、暗喻喜庆的喜鹊，都栖息在这颗老松之上，传递出福禄寿喜的吉祥之意。

南瓜蟋蟀壶

作者：喻立新

年代：2003年

规格：20×13×8.5cm

该作品由水壶和底座两部分组成。结构繁复的木质底座上，卧着一个南瓜造型的水壶，壶柄为南瓜藤，壶盖为南瓜叶，壶颈之上，一只蟋蟀爬行其间。底座的杂乱无序和水壶的别致整齐，形成了鲜明的对比，更有一种静态和动态的相互衬托，意趣横生。

《清明上河图》

作者：喻立新
年代：2009—2013年
规格：601×56cm

从前期准备到完工历时四年，与原作1:1，人物、车马、船只等具象多达六七百个，极富层次感与立体感，巧夺天工，气势如虹，艺术地再现了宋代汴京的繁荣景象。

清明上河图（局部）

海派玉雕

海派玉雕是上海玉雕的别称，肇始于清道光二十三年（1843）。十九世纪中叶，随着上海开埠，苏、扬及周边地区的玉匠不断流入，玉器作坊渐成气候，玉器制品通过口岸向外输出，为本埠玉器行业提供了广阔的发展空间。

作为特定历史文化、地域因素结合的产物，海派玉雕接续良渚文化、崧泽文化的传统文脉，延承融汇“扬工”“苏工”的技艺精华，汲取糅合外来艺术，借古开新，兼采众长，形成了以“海纳”和“精作”为鲜明特质的玉作风格和流派，与“北派”“扬派”“南派”一起并称为中国玉雕四大流派。

海派玉雕的题材多样，品类丰富，包括炉瓶器皿、人物佛像、花鸟走兽、天然瓶和玉牌在内的五大类雕刻品种享誉玉坛。其中炉瓶器皿件尤以稳重典雅的造型、古朴精美的纹饰和浓郁的青铜器韵味，成为最具符号意义的标志性创作。

海派玉雕大师辈出，各擅胜场，巧妙运用玉石的天然形状和不同色泽，讲求创意，因材施艺，技法精到，工艺严谨，作品有极高艺术价值和收藏价值。

海派玉雕于 2011 年被列入第三批国家级非物质文化遗产名录。国家级非遗传承人有袁耀、洪新华、翟念卫、崔磊，还包括中国工艺美术大师刘忠荣、吴德昇、袁新根、于雪涛等一大批重量级代表性传承人，共计 31 位，阵容豪华。上海海派玉雕文化协会是海派玉雕国家级非遗项目的保护单位。

山君夜巡图

作者：袁耀

年代：2020年

规格：9.5×4.8×5cm

此作品为俏色翡翠微雕，状如山体，形略薄而峻峭。原石四围外覆大团块黄翡，内部夹杂深浅翠色，颜色的丰富极具挑战性。在这块握手不足半掌的翡翠上，共雕刻了130余只老虎，鲜活灵动。每只老虎面部的宽度都在1.5毫米之内，小的甚至在1.2毫米左右。很多云丝粗细都在0.5毫米左右，且为镂空雕。最细的白云丝，粗0.15毫米，长1.5毫米左右。题款处设计了自上而下的飞瀑，与圆月呼应，有母虎口衔幼虎，透出温馨。

乾隆下江南

作者：袁耀

年代：现代

规格：16×10×26cm

作品选料黄翡绿翠高冰种，描绘的是清乾隆帝六下江南的浩大场面。沿途经过泰山、黄山、南京、扬州、苏州、杭州等地一路胜景，有宫宇、舟船，人物六十九个，仙鹤十羽，皆俏雕、浮雕，又以微刻技艺再现乾隆正草隶篆四体书法。

笑口常开

作者：洪新华
年代：当代
规格：9×6×12cm

作品选用上等和田白玉制作，工艺上着重刻画出大肚弥勒的神韵。他手持如意，抬头仰望蝙蝠，整个动态生动，举止和谐可亲，旁边一童子脚踏弥勒脚上，手拿灵芝嬉闹弥勒胸前，显得活泼可爱，生动可掬。

梦入飞熊

作者：洪新华
年代：当代
规格：7×5×11cm

此件作品采用立体圆雕技法制作，玉质洁白温润，刻工浑厚圆润，造型威严壮健。姜子牙号飞熊，辅佐文王建立周朝。这件作品寓意得子如子牙，反映了我国民间对神勇力量的崇拜。飞熊扭头转身，双目圆睁，鼻形似如意，双耳垂张，肩有双翅，脊柱突出，背部长毛下披，双爪平举微上抬似欲前扑，腹为蛇腹般宽条带状，尾粗壮遒劲，极具神勇憨厚之态。

雨沥

作者：翟念卫

年代：当代

规格：4.6×1.5×9.5cm

玉牌画面布局收放自如，虚实相间，两侧留白。上端勾勒远景，林野开阔，往下突然收紧，过渡到主体形象女子临泉演奏的情景。飞流而下的瀑布、身姿婀娜的少女，虽未见直观的雨景摹写，却意叙了泉音、雨沥、琴声，谱出一首自然与生命天籁合乐之交响。

《雨沥》的背面未采用如正面场景的铺排，仅落叶数片，行书“雨点”二字，落笔恣肆，呼应大雨、骤风、深情。取意泰戈尔诗句“在夏天的新叶上滴沥”，动静相悦，尽雨沥之妙。

倩影

作者：翟念卫
年代：当代
规格：5×1.8×9.6cm

作品将玉牌的制作手法融入到手把件中，用写实的艺术表现方法将原石特有的肌理予以表现。通过恬静的少女和飘逸的衣纹，将动静相宜之感表现得淋漓尽致，而周围环境的刻画，也为主人公的内心世界做了铺垫。这件作品通过技艺将蕴藏在深处的情感表露出来，给观者身临其境之感。

风醉蔷薇

作者：翟念卫
年代：当代
规格：5.6×1.6×11.5cm

此牌突破了传统玉牌的框架，在构图上将牌头与整个牌面有机地结合起来，采用装饰性的艺术表现手法，将主人公的浪漫情怀予以呈现。牌面上刻画了一位清丽脱俗的少女，微微变形的场景展现出诗意，有意拉长的人物躯体和手臂又透露出别样的美感，营造出很强的画面感。

光明—香灯

作者：崔磊

年代：当代

规格：13.8×9.4×6.9cm

作品创意来自将玉雕艺术融入文房器物的构思。雕刻的人物幻化自孔雀明王的形象，祈愿除病消灾，护佑众生，为天下苍生带来安定祥和。在技法上，作品以炉瓶薄胎工艺掏内膛塑大形，只留周身外沿红皮辅以巧色工艺，通过镂空，薄意浮雕，糅合传统剪纸艺术，独具韵味和美感，又在通透之中不失线条张力。纯银底座配合内置灯光，润和之光漫射，璞玉的内蕴、薄胎的通明尽皆展现，剪纸与浮雕技术相得益彰。整体效果，犹如混沌天地中的一束希望之光，光明之名，由此而来。

天策

作者：崔磊

年代：当代

规格：13.9×9.6×4.4cm

一改传统认知中玉雕菩萨慈眉善目、身体圆润的体态形象，这件作品大胆融入前所未有的几何图案处理，形塑一位勇猛果毅的人物。身躯线条刚柔相济，秀发如瀑飘散，饰带温柔，云雾腾空，充满力量与威严。英雄一梦，驰骋疆场。己为将，己为兵，与己战。胜也好，败也罢，每天的日子，就是与自己大战三百回合，从旧自己中突围，迎新貌，换新风，在成长中成就自己。

鹤算寿添

作者：吴德昇
年代：当代

本作品以立体圆雕而成，充分利用了原料的结构造型与色泽，用略带夸张的手法来表现寿星这一题材。脚踩莲花瓣、手执灵芝拐杖、踏着仙气悠闲前行的寿星，身旁伴随着一只衔芝灵鹤，与之呼应。人物形象生动，雕工精细，线条流畅，疏密有致。

春意盎然

作者：吴德昇
年代：当代

作品表现的是一位如悄然绽放的玉兰花般洁白如雪、细腻如玉的女子。人如玉兰，不需要绿叶的衬托，独自绽放优雅的芳华。玉兰花与女子相得益彰，同样妩媚而优雅。整件作品呈现出一种特别的美。

竹堂侵夜开

作者：刘忠荣

年代：当代

规格：5.85×1.75×13.9cm

作品登记号：沪作登字-2012-F-00009897

"竹堂侵夜开"是初唐诗人虞世南《春夜》诗中的一句。这首诗表现了作者对于外界的偶发事件及瞬间美的敏感性，技巧非常高明。《竹堂侵夜开》玉牌正面以景为主，表现为春天的林苑里，月在天穹缓缓移动，而竹林掩映下的厅堂在夜色中悄然打开的情景。喧闹声惊起林间宿鸟，掠过林子穿飞而去，而花香则隔着春水远远地送将过来。玉牌的反面全文刻录虞世南的《春夜》诗："春苑月裴回，竹堂侵夜开。惊鸟排林度，风花隔水来。"

天圆地方

作者：刘忠荣

年代：2010年

规格：天圓：4.4×1.8×8.3cm

地方：4.4×1.8×8.3cm

含底座：36× 22 ×42cm

作品登记号：天圓地方（天圓）/09-2011-F-1702

天圓地方（地方）/09-2011-F-1702

在艺术表现手法上，作者力求达到天人合一、动静结合。人物刻画方面，天公地爷凝重端庄，沉穆严谨；尘世凡人温婉飘逸，生动活泼；天女则曼妙轻盈，捧一篮鲜花，将一片美好撒向人间。背面的云饰图案采用方圆线条相结合，边饰采用凹凸相间组合，这些都展现了作者为诠释主题的用心之处。

四季花篮

作者：袁新根
年代：2002年
规格：8×6×11cm

作品由上、中、下三层组成，寓意四季和谐美满。上层是四季花卉，鲜嫩欲滴；中间是篮子，里面有两只蟋蟀，篮子外另有蟋蟀和蜜蜂各一只。这两层用翡翠满色带豆种，采用镂空雕技法，使材料水头变透。下层是由珊瑚制成的底座，由鹅卵石和水仙花组成。

鼻烟瓶

作者：颜桂明
年代：2006年
规格： 3.9×1.7×4.7cm

此件作品作者采用了“痕都斯坦”常用的缠枝香草图杂处理手法，同时突破传统的制作工艺，在瓶颈部拉出一个圈和链条连接。作品材料本身的翠绿鲜丽得到了最佳呈现，在调“色”的同时，也起到了调“水”的作用。

对月金樽

作者：王平
年代：2012年
规格：11×6×4.5cm

作品刻画了世人所熟知的唐朝诗人李白，醉酒后借酒抒情、感叹人生的场景。作品选料新疆和田白玉，采用立体圆雕技法。李白环抱酒缸，以书为枕，腹部圆鼓，尽显富贵之态。整件作品刻工精美，造像生动，配以白玉色质，圆润柔美，典雅清秀。

吉祥双耳瓶

作者：宋鸣放

年代：2012年

规格：12.5×8×26.5cm

此件作品选材和田青玉籽料，质地温润，油性上佳，手感凝润。以对称象头为双耳，各带活环，寓意吉祥。瓶身作莲花瓣状，器形端庄静雅，整体线条流畅婉转。

长宜相伴

作者：易少勇

年代：2010年

规格：4.0×1.1×7.2cm

作品由传统如意造型引伸，规矩中有曲折，平整中有变化。尤其是如意头中镶嵌印章的设计，极其巧妙；玉牌正面双兰花的布局，使得构图紧松有序，疏密得当，更显出阴线兰花的精致、舒展。玉牌背面阴刻书法的散点平铺处理，也有着均衡的装饰美。

敦煌逸影

作者：赵丕成
年代：2010年
规格：11.5×1.8×6.5cm

这件作品的原始玉料中虽然有裂痕、黑斑和瑕疵，但是在砣轮的探索下，去裂藏裂，变瑕为瑜，在跌宕起伏的韵律之中，琢磨出舞动的飞天、古拙的石窟、金色的沙漠，形成了“敦煌逸影”之佳作。观者从饱满的玉形和变幻莫测的色彩之中，可感悟到自然天地的美妙，仿佛可见天际横流、一派恢宏景象的敦煌。

凤凰于飞

作者：赵丕成
年代：2012年
规格：3.2×2.2×8cm

“凤凰于飞”一词出自《诗经》，凤与凰在空中相偕而飞，一般用来祝福婚姻新人的生活幸福美满。作品《凤凰于飞》，采用深褐色原籽玉皮，以剪纸的造型方式，描绘了凤凰羽化为玉女的情形。人物造像奇幻，姿态优雅，线形流畅精美，富有视觉美感，雕琢黑白分明，又有层次感，砣工娴熟，造型唯美。

国色天香

作者：赵丕成

年代：2012年

规格：6×4.2×3.2cm

作者通过艺术的经营，用白玉的温润、南红的娇艳、黄玉的瑰丽分别勾画出美人的醉意、牡丹的娇艳、金凤的舞姿。作品富有创意，技艺精湛，洋溢着自然的美感和生命的律动。

辟邪

作者：黄罕勇
年代：2010年
规格：11.5×9×5cm

此件作品表现的是瑞兽辟邪的主题，但是却打破了玉雕动物件的惯常设计。作品通过线条的处理，为瑞兽塑造出了一定的情态；兽首之后，便是一段残骨，打破了玉雕的固有审美范式，展现出丰富的寓意，引发观者的思考。整件作品温婉细腻而又法度谨严。

琥珀雕刻

琥珀雕刻是以琥珀作为雕刻原料运用独特的雕刻方法进行创作的技艺。海派琥珀雕刻形成于明清时期，二十世纪初，沿袭了浅刻的雕刻技巧，并结合琥珀的特性，进一步发展。它的起源、发展和传承皆集中在上海地区，其风格既融入了“北派”的大气厚重，又融合了“南派”的细致玲珑。

海派琥珀雕刻是一种与书画艺术相结合的文人雕刻。其技艺在传统琥珀雕的基础上逐渐融入玉雕借绺、“俏色”等手法，将海派牙雕细花、镂空雕、薄意雕以及浅刻水墨写意刀法等技法并用，工艺细致入微，技法精湛纯熟，线条清晰流畅，表达细腻传神。

琥珀雕刻于 2015 年被列入第五批上海市非物质文化遗产代表性项目名录，代表性传承人为郑升帅。

罗汉听禅

作者：郑升帅

年代：当代

规格：21×5×19cm

作品取材于清代著名制瓷家、书画家、篆刻家、剧作家唐蜗寄的题庐山东林寺三笑庭联：“桥跨虎溪，三教三源流，三人三笑语；莲开僧舍，一花一世界，一叶一如来。”作品用三块质地上乘的缅甸血珀雕琢而成，中间的一叶一如来宝相庄严，左右降龙、伏虎罗汉颔首听禅。材质中有一片树叶非常独特，这片叶子犹如猛虎的前半身。整套作品雕工精湛，完整通透，动感十足。

哼哈二将

作者：郑升帅

年代：当代

规格：8×4×9cm

作品选料精准，一为通透的金珀，一为沉稳的血珀，对比强烈。哼哈二将上身裸露，肌肉饱满，瞪眼鼓鼻，一个张口呼哈，一个闭口怒哼，手持金刚杵怒目而视。作品形象逼真，造型完美，飘飞的襟带更添灵动之美。

水晶雕刻

海派水晶雕刻与海派玉雕一样，民国时期主要集中在老城区南市一带，由扬州“三杰艺人”魏正荣带入上海。第三代传人沈德盛经过多年的不懈努力，以“海纳百川，继承创新，博采众长，为我所用”为宗旨，在传统技法的基础上，结合中西，贯通古今，揉进了海派文化所特有的时尚、秀美、精练、细腻、温婉、大气，构图造型优美，疏密有致，刚柔相济，独树一帜。

在工艺上，水晶雕刻不仅有内雕、阳雕、浮雕、圆雕，还有独创的水晶牌、阴阳雕、内雕、背雕，大大增加了观赏品种，提升了水晶的观赏价值。海派玉雕（水晶雕刻）于2013年被列入上海市第四批非物质文化遗产代表性项目扩展名录，沈德盛是该项目的代表性传承人。

滴水观音

作者：沈德盛

年代：当代

规格：10×5×22cm

作品材质为茶黄钛晶，外形是一盛开的荷花花瓣，里面磨砂的部分是一荷花蕾的花瓣，从花蕾到盛开的荷花，寓意着佛教信仰从开化到得道的过程。

猎豹

作者：沈德盛

年代：当代

规格：20×14×12cm

作品材质为天然黄水晶，作者采用切削块面、弧面、凹凸等手法，把水晶折光的特性充分表现出来，从而体现猎豹驰骋原野的悠然自得。该作品材质纯净，透明度高，雕刻精细。

三林瓷刻

瓷刻又名刻瓷，是用特种刀具和色彩在出窑成型的瓷上“绣花”的工艺，故又被称为“瓷上锦绣”，属陶瓷装饰的一种，具有“观有笔墨，触有手感”的艺术特点。

清光绪年间，浦东三林镇乡贤张锦山与上海瓷刻名家华约三，共同探讨切磋瓷刻艺术，并受江西瓷刻艺人的影响，采用高炭合金钢在白瓷上刻画、敲凿等技法，作品出现双钩线条、大色块的画面。其瓷刻刀法细腻精致，颇具书画金石味，在文人雅士中流传亦广，“三林瓷刻”雏形由此产生。此后，由于与国外的通商，高硬度合金钢如钨钢以及金刚石的运用，使得三林瓷刻日臻完美。

三林瓷刻艺术的制作过程，首先取釉面光滑、既硬又脆的盆、盘、碗、盂、瓶等没有彩绘的白瓷，用特制的合金工具，通过小锤子进行敲打，以刀代笔，刻凿出深浅不同的点线，完成各种山水、花卉、人物、书法等作品框架。再进行赋色，将画面涂满墨色，表现中国画黑白的大气；用陶瓷绘料、油画颜料重新勾勒、分段上色，则使画面丰富艳丽。这些山水、花鸟等画面或各种书体的字迹，既保持了传统书画的风格，又发挥了晶莹光洁的瓷面特色，收到相得益彰的效果，且经久不泯。

三林瓷刻于 2011 年被列入第三批上海市非物质文化遗产名录，代表性传承人为张宗贤。

四条屏

作者：张宗贤

年代：当代

四条屏是书画中的常用装帧方式，适合厅堂、书斋等场景。瓷刻与书画同源，异曲同工，亦如在瓷上刺绣。该作品历经千百万次敲凿，画面淡雅洁净，接近国画中的小写意，着色不多，墨韵却浓，显示了深远的意境。

竹帘挂盘

作者：张宗贤

年代：当代

竹帘为中国传统建筑中的隔断，运用于门窗等处，空灵通透，妙用奇多，文化含义甚深。该作品与园林艺术结合，朴素清新，一改瓷刻单件零碎分散的布局法，把儿童嬉戏的各种场景融合一处，一展瓷刻新风。

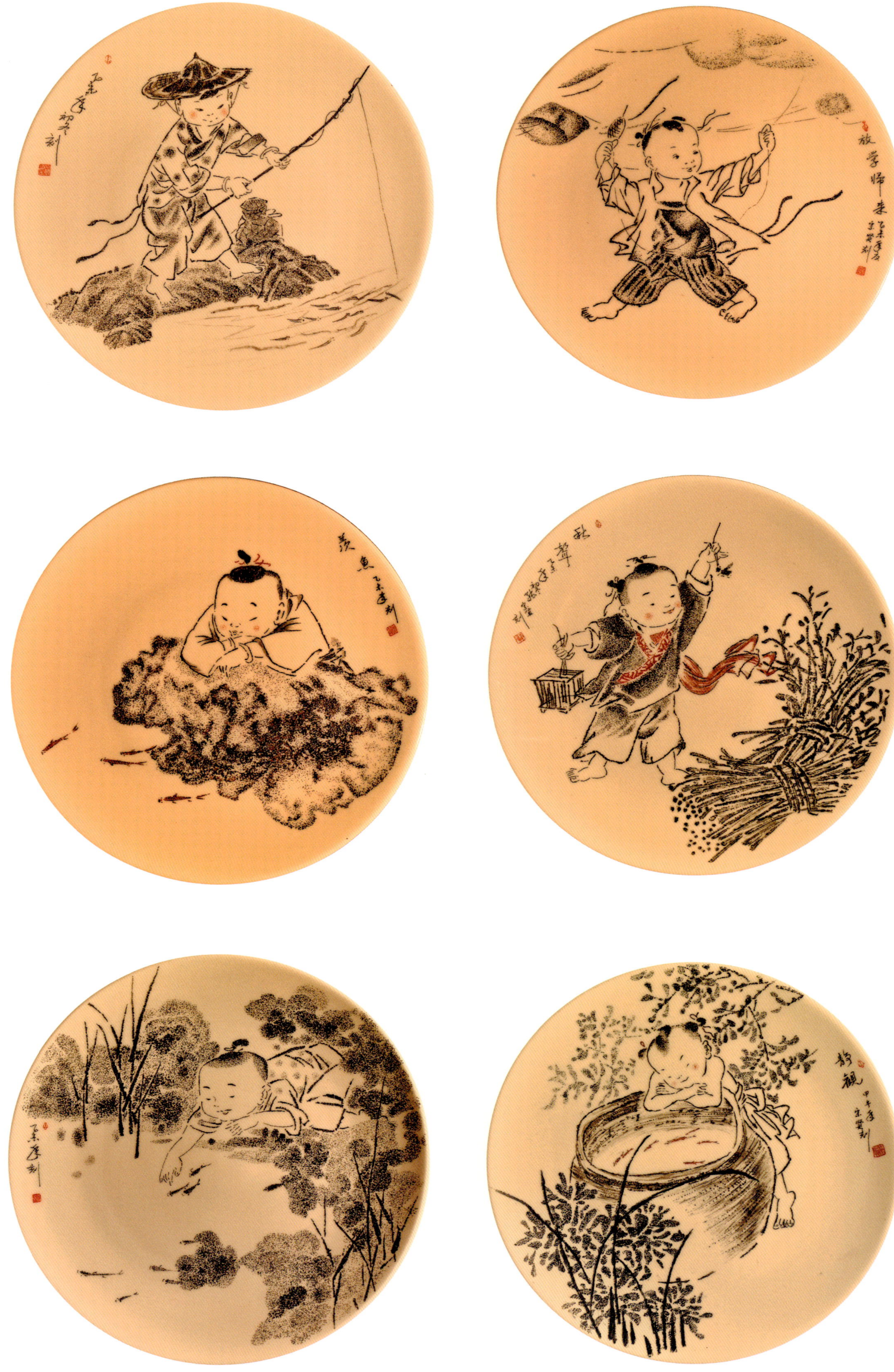
放学归来

上海砚刻

砚刻艺术起源于两千多年前的秦汉时期。广东省肇庆市（古称“端州”）的端砚、安徽省歙县的歙砚、甘肃省临潭县的洮河砚，和以山西省新绛县（古称“绛州”）为代表的澄泥砚，并称为“中国四大名砚”。

上海砚刻历史最早可以追溯到明代，二十世纪二十年代，上海砚刻艺人在继承中国传统的砖刻、石雕和金石篆刻技艺的基础上，吸收了西洋雕刻的表现手法，逐步形成砚刻写实的特色。三十年代后，陈端友、张景安以现实生活为题材，以细腻逼真的雕刻手法展现了上海砚刻造型深沉古朴、构图均匀饱满、刀法刚劲有力、线条挺拔流畅的艺术风格。

上海砚刻用料多为质地优良的广东端石、安徽歙石和山西澄泥石，并以造型雅朴、刀法刚健著称。其雕刻技法在继承砖刻石雕的基础上，又吸收了金石雕刻的精华，运用深浅雕相结合的方法，使作品富有立体感。题材多取于蔬菜、瓜果等静物，也有少数人物和鱼虫等图案，具有独特的海派特色。

上海砚刻于 2013 年被列入第四批上海市非物质文化遗产名录，代表人物有陈端友、张景安、陆天福、丁伟鸣等。

香菇砚

作者：陈端友

年代：20世纪50年代

材质：端石

规格：15×14×3cm

整件作品用料严谨，保持了原料的天然外形。大小不一的蘑菇，看似散乱，实则布局有疏有密，有紧有松。砚中香菇的刻制，体现了陈端友写实的精湛技巧。

旭日东升砚

作者：张景安

年代：20世纪60年代

材质：端石

规格：27×18×6cm

作品构思奇特，采用深刻、浮雕、浅刻等多种技法雕刻而成。作品中的鸽子形态各异，一轮旭日喷薄而出，海浪和云层清晰逼真，富有装饰美感，给人以气势宏伟、身临其境之感。

澄泥花生砚

作者：陆天福

年代：2013年

材质：澄泥石

规格：21×18×4.5cm

此砚是用类似花生颜色的澄泥石进行雕刻，一百多节花生错落有致，栩栩如生，分布于砚台的正反两面。有些花生脉纹清晰，有些似还粘着些许泥土，还有个别已被碾破了外壳，露出里面的花生仁。这是陆天福的经典之作，典型地体现了海派砚刻的写实风格。

留皮端石蝉砚

作者：陆天福
年代：2014年
材质：端石
规格：12×6.5×3cm

写实是海派砚刻的标志之一，在这件作品中也得到了很好的体现。此砚造型为雄性蝉形，蝉翼用端石天然留皮表现，蝉头和蝉腹都得到了细致入微的刻画，手法细腻且充满张力。在蝉的背部琢出小小的墨池，以作舔笔之用。

睡雁砚

作者：丁伟鸣
年代：现代
材质：端石
规格：16×9×4cm

作品在雕刻技法上采用以工代写，学八大山人绘画之法，雁嘴用宋元写实画法，雁身则如泼墨写意，使作品更加耐看。端石有黑、橙、棕、绿、青五色，天然的扁形石眼中有一瞳仁，生动地表现了大雁的睡眼。左右棕黄二色天然纹彩，如羽毛之色，一作大雁胸口柔软丰腴的绒毛，一作雁之尾羽。整体设计体现出大雁安睡的恬然之姿。

汉画像砚

作者：丁伟鸣

年代：现代

材质：澄泥石

规格：19×18×4cm

墨海方正，周围施以汉画像砖纹样，所有缺落剥损皆自然而有古意，无一处不显自然文章。中国国画院院长程十发先生乃题其铭曰：“伟鸣斫砚，取法乎上，得有新意，凤翰先生不及也。”

漆器制作技艺

中国传统漆器制作技艺古称髹饰，历史悠久。清末民初，上海漆器雕刻行业形成一定规模，1926 年至 1936 年逐渐兴盛，二十世纪七八十年代进入鼎盛时期，制作技艺日益成熟。现存上海漆器制作技艺以镶嵌、平磨螺钿、雕填为主。

上海漆器在工艺上采用涂、绘、勾、刻、填、雕、镂、磨、镶、嵌等多种手法，具有平、亮、细、匀、艳、雅的艺术效果。装饰种类有雕漆嵌玉、平磨螺钿、点螺、纯雕漆、骨石镶嵌、刻漆、勾刀、彩绘、磨漆画、彩绘平嵌等十大类。

上海漆器镶嵌以金银、宝石、珍珠、珊瑚、碧玉、翡翠、水晶、玛瑙、袱滑、车渠、青金、绿松、螺钿、象牙、密蜡、沉香为主，利用其天然色泽，雕镂山水、人物、树木、楼台、花卉、翎毛等，拼接镶嵌于漆器之上。大到屏风、桌椅、窗格、书架，小到笔床、茶具、砚匣、书箱，珍玉镶嵌和漆器珠联璧合，相得益彰，给人以华丽、典雅、浑厚的审美体验。

漆器制作技艺于 2013 年被列入第四批上海市非物质文化遗产名录，代表性传承人有俞升寿、章峻等。

雕填大漆画地屏明法海寺壁画

作者：史建萍

年代：20世纪70年代

材质：大漆填金

规格：335×55×220cm

作品采用二千多年前汉代的"针划"工艺，以丰富多变的流畅线条把人物的形象、服饰完美地勾画出来。运笔如行云流水，挥洒自如；各类人物富于个性，栩栩如生。整个画面基本上采用单线雕填戗金平涂法，用笔主要为铁线描，间用兰叶描和钉头鼠尾描。线条绵长而洒脱，勾刻的衣纹线条一气呵成。用色以朱砂、石青、石黄天然大漆为主，使用多层叠晕烘染的手法，金碧辉煌，富丽华贵。作品由著名书法家启功先生亲笔题字。

明法海寺壁畫

高浮雕镶嵌地屏鞠有黄华

作者：章峻、王师军

年代：2014年

材质：深海黄云母、白云母、墨西哥大彩鲍等

规格： 118×36×190cm

《鞠有黄华》题材取自《礼记·月令》“季秋三月，菊有黄花”之句。该作品采用深海黄云母、墨西哥大彩鲍等材料，运用雕、镂、磨、趟、镶、嵌等高浮雕手法，彰显漆器的亮、细、匀、艳、雅等艺术效果。

鞠有黄華

平磨螺钿台屏紫藤戏蝶

作者：俞升寿

年代：2014年

材质：石决明、红木

规格：45×22×84cm

作品以上海马桥紫藤公园（有4000年历史的马桥古文化遗址所在地）的紫藤原作为题材，采用贝壳、云母、石决明等天然霞锦材料，首先把鲍鱼壳打磨成薄片，用自制弓锯手工锯出紫藤花、叶、茎、藤；然后贴在木胚上；再刷漆打磨，将石决明嵌于漆之中。光亮如镜，色彩分明，画面具有清丽照人、典雅高洁的艺术效果。

菠萝漆镶嵌佛像释迦牟尼

作者：俞升寿、王师军

年代：2015年

材质：翡翠、云母、石决明、绿松石、珊瑚、金铂、青金、贝壳、木胎、大漆

规格：38×35×120cm

作品在手工精雕的立体木胎佛像上运用浮雕镶嵌、贴箔、髹饰技艺，是漆器镶嵌技艺走出平面、与菠萝漆髹饰技艺完美结合的精品，也是上海漆器发展史上的又一个重要里程碑。

金银玉石镶嵌技艺

金银玉石镶嵌一般选用贵金属如黄金、铂金、白银和珠宝钻石等，对玉雕物件进行点缀、装饰和局部包裹，改变玉石单一的素体态象，达到放大、去瑕、增美、镶饰的目标。

作为一门历史悠久的传统技艺，金银玉石镶嵌以其精巧细密的特点，占据着特种工艺中的重要位置。镶嵌物本身包括玉石、金银等很多种类，但以玉石较为常见。被镶嵌物的质地更为广泛。镶嵌方法包括凹槽法、浅窝法、孔洞法、榫卯法、平面镶嵌法等。根据是否使用粘合物，又可分为直接镶嵌法和粘合镶嵌法。

上海开埠之后，从周边地区涌入大批工匠，金镶玉制作工艺也被带入这个移民城市，并传承下来。达官贵人中出现收藏各种金镶玉饰物、鼻烟壶、筷子等的风尚。著名的翡翠大宝塔，主材为翡翠，工艺上用到了金玉镶嵌，曾两次获得国际博览会金奖。由于特殊地理位置，上海的金银玉石镶嵌受西洋文化的影响很大，又结合传统工艺，呈现出中西交融的海派风格。

金银玉石镶嵌技艺于 2015 年被列入第五批上海市非物质文化遗产名录，代表性传承人为曹平。

岳飞

作者：曹平

年代：现代

规格：19×12×35.2cm

此件作品是金银玉石镶嵌技艺的代表作。作者选用洁白无瑕的白玉，采用立体圆雕手法，刻出岳飞和骏马，配以青金石为底座。人物形象传神，脸部勾勒完整洒脱。无论是衣饰褶皱还是骏马的肌肉，都刻画得精细入微，线条流畅。

宝马

作者：曹平

年代：现代

规格：25×12×23cm

作者借鉴西方雕塑的写实元素；从马的主体、比例、透视等方面入手，刻画马匹的强健肌肉和立体感；又运用中国传统的写意手法，夸张地加粗马腿，使宝马显得健硕神武，且能避免玉石折损。作者在缰绳和颈圈上配以红、蓝、绿、钻石、青金等七种宝石，黄金马鞍两侧镶有宝石，鞍座上镶以青金，四个黄金马蹄在青金石底座上也显得格外醒目。

沉香香品制作技艺

制香文化从上古时期周代就已存在，至唐宋时期，制香技艺到达顶峰。沉香香气沉稳持久，闻之使人心境平和，且珍贵稀有，可设计雕刻成挂件、摆件、手串、手珠等各种香品，是供人玩赏收藏佳品。

上海地区的沉香香品制作技艺在香方的确立，香料的使用、配伍与炮制，制作的流程等方面都十分考究。其过程分为制备原料、配伍、和料、成型晾晒、窖藏醇化、包装等六个步骤。其中，沉香香材的选择与配伍十分关键：首先是从世界各地精选沉香材料，按照香味的特点进行拼配；其次是解决好香含油量高和香品可燃性的平衡问题，按照传统方法添加纯天然助燃剂，严格控制每款香品的助燃剂剂量。

在沉香雕刻的艺术风格传承方面，沉香香品制作广泛吸收中国传统雕刻工艺所长，使沉香雕刻艺术品兼具了闽派、浙派、徽派等流派的特点，同时，大胆吸收世界各国雕刻艺术中的优秀技法。

沉香香品制作还突出其药用价值。沉香是自然界中极少的具有抗菌及增强免疫功能的上品药材，经过独特的技艺加工，其对肺、肾、肝、胃、肠、心脏等都有独特而有效的保健作用，对强化心脏及神经系统也具有特殊疗效。

沉香香品制作技艺于 2015 年被列入第五批上海市非物质文化遗产名录，代表性传承人为任刚。

平安五福

作者：吴元星

年代：现代

材质：水沉香

规格：长17cm　重97g

产地：印尼

此件作品外部呈黄褐色，内呈黑土色，为印尼特级水沉。雕件左上方是一只大蝙蝠，鼻首、翼膜清晰凸现，旁有一串外圆内方的铜钱，四只小蝙蝠各自侧悬在阴暗的山洞里，寓意平安五福自天来。

博古令牌

作者：吴元星

年代：现代

材质：黑沉香

规格：4×6×1cm　重23克

产地：印尼

令牌正面雕刻椒图龙，突眼，獠牙，犷鼻，狰狞凶猛；反面刻椒图龙纹饰，文静安详，下连门扣。刀工软中见硬，线条遒劲。

虬龙荷叶杯

作者：吴元星

年代：现代

材质：沉香

规格：高10cm　重80g

产地：印尼

一张大荷叶拥卷成杯，荷叶经络又以亭亭莲花撑之。杯沿似残荷，一大二小虬龙蜿蜒相戏，各具神态。底座稳健，与杯相连。整块沉香木一气呵成，典雅古朴。

倒架火炬沉香

作者：吴元星

年代：现代

材质：沉香

规格：80×46×36cm　重6750g

产地：越南

作品竖如燃烧之火炬，横看如出水之海螺。寓名利双收之意。沉香千疮百孔，作者化腐为神，真可谓闻香方识贵，雅室可留人。

博戏

作者：吴元星

年代：现代

材质：沉香

规格：9.5×9.5×22cm（含底座） 重640g

产地：印尼

作品表现一对老顽童扭打在一起的场景。一老汉闭着眼，咬着牙，用手使劲掐另一老汉的脸，被掐老汉散乱的白发披散在对方的肩上，显得既痛苦，又尴尬。

沉香山子

作者：吴元星

年代：现代

材质：沉香

规格：23×12×62cm　重1513.5g

产地：马来西亚

“金坚玉润，鹤骨龙筋，膏液内足。”这是苏东坡对沉香山子的颂辞。作品层峦叠嶂，主峰突兀，沟壑相连。案头置此一峰，咫尺间可观天地造化。

猴王出世

作者：吴元星
年代：现代
材质：沉香
规格：14×10×7cm　重121.8g
产地：印尼

猴王抱紧果实，从山洞里一跃而出。它双目有神，冲天而吼，一双大手筋脉爆出，大有横空出世的王者气概。

麒麟挂牌

作者：吴元星

年代：现代

材质：奇楠

规格：4.2×6.4×2cm　重33.62g

产地：越南

该件麒麟雕件选用整块熟结奇楠制作而成，堪称极品。雕工精美细腻，麋身、马足、牛尾、一角清晰可见；四周的祥云也层次分明，立体感极强。挂牌反面是龙凤纹饰，丝丝分明，流畅精细。作品寓意福寿吉祥。

一路连科

作者：吴元星

年代：现代

材质：奇楠

规格：31×9×10cm　重330g

产地：印尼

作者在雕件上刻出卷舒开合的荷花和华实齐生的莲房，一旁有栩栩如生的白鹭小鸟，玲珑可爱。作品以青莲之高洁象征为官清廉。

錾刻技艺

錾刻工艺始创于夏商周时期，兴盛于唐代，距今已经有三千多年的历史。錾刻工艺的操作，是在设计好器形和图案后，按照一定的工艺流程，以特制的工具和特定的技法，在金属板上加工出千变万化的浮雕状图案。

錾刻工艺品的造型，主要分为平面的片活和立体的圆活，片活是平装在某些器物上或悬挂起来供人欣赏的，圆活则多用于实用器皿。完成一件精美的錾刻作品需要十多道工艺程序，操作者除了要有良好的技术外，还要能根据加工对象的需要，打制出得心应手的錾刻工具。

上海錾刻在继承发展中国传统錾刻技艺的基础上，吸纳海派及西洋艺术样式，杂糅众家所长，追求雅俗共赏，形成了“精錾细琢、镶花鎏金、中洋结合、材料混搭、奢繁华丽”的独特风格。

錾刻技艺于 2015 年被列入第五批上海市非物质文化遗产名录。

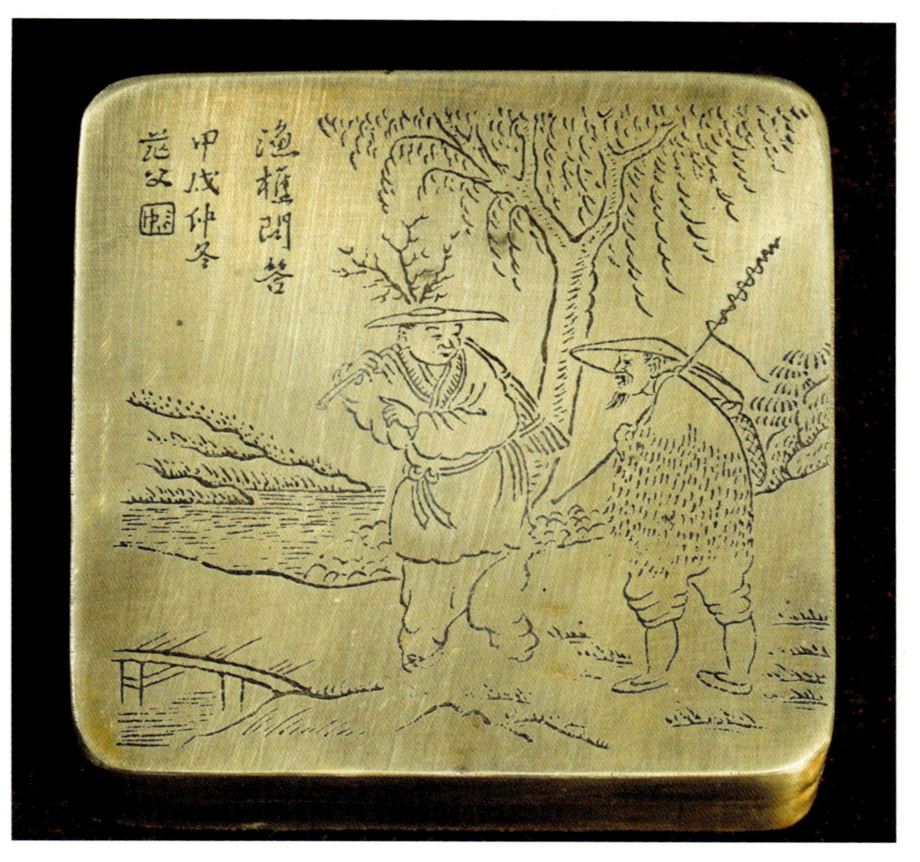

渔樵问答铜墨盒

作者：顾正
年代：20世纪80年代
规格：4×4×1.5cm

"古今兴废有若反掌，青山绿水则固无恙。千载得失是非，尽付渔樵一话而已。" 作者借渔樵问答，表达了隐逸之士希望摆脱俗尘凡事的羁绊，追求淡泊宁静的生活理想。此铜盒采用点、推、刻、压、磨等錾刻技法，线条圆润、流畅、自然。

羲之逗鹅铜墨盒

作者：顾正
年代：20世纪80年代
规格：5.5×4×1.5cm

作品借羲之爱鹅的典故，表现幽雅清高、才智不凡、胸怀鸿鹄之志的人物形象。此铜盒采用点、推、刻、压、磨等錾刻技法，线条圆润流畅。

黄铜錾刻合页

作者：顾正

年代：20世纪80年代

规格：40×20×0.2cm

作者以中国传统吉祥图案松、竹、牡丹以及大个福字，表达祝福长寿、和和美美的寓意。此合页制作时先錾出图案轮廓，结合点、推、刻、压、磨等技法，錾与刻并用，线条刚柔相济，装饰效果极好。

画里乾坤

上海剪纸

中国剪纸源于南北朝，唐代以后广为流传，是中国民间装饰艺术中具有广泛群众性的一种工艺美术品种，它的艺术形式具有很强的装饰性和趣味性。上海剪纸最初主要出现在民间的门笺、鞋花、绣花样上，在近百年的历史演变中，逐渐形成与众不同的“海派”风格，在传统技艺中具有相当地位。

海派剪纸艺术的“海派”特征，主要体现为善取他人之长，结合自身的优势，形成新的艺术风格。北方剪纸以陕西剪纸为代表，主要为窗窑顶花、炕围花、门画、挂帘等，实用性强；“海派”剪纸则结合外来美术的特色，从实用型转向作品的装饰功能。在技法上，海派剪纸集南、北两地之长，既有粗犷简练的外形，又不失细腻柔和的内在线条。在内容题材上，海派剪纸不仅传承了中华民族古老的造型纹样，更多地将现代生活题材融于作品，反映当代人的审美趣味和走向。

王子淦、林曦明是海派剪纸艺术最具代表性的两位大师。王子淦将北方剪纸的粗犷、大气和南方剪纸的细腻、流畅融为一体；林曦明结合了书画和民间剪纸的精华。他们的传人赵子平、王建中、奚小琴、李守白等人在传承海派艺术上又各有突破，实现了从传统元素到现实题材的扩展及应用。

海派剪纸艺术于 2008 年被列入第二批国家级非物质文化遗产名录。

采茶歌

作者：林曦明

年代：1970年代

规格：70×90cm

蝴蝶飞舞茶花美，采茶姑娘采茶忙。她们或立或蹲，神采奕奕，妩媚动人。采茶姑娘特定的动态、姿势和手势，都被细腻地表现出来。《采茶歌》的情致和意境，犹如优美的小诗、抒情的小曲，展示了动人的情与美。

敦煌飞天

作者：赵子平

年代：当代

规格：73×105cm

这幅剪纸作品以敦煌壁画为蓝本，事先不打画稿，全过程只用一把剪刀一张纸，把梦中的敦煌世界即兴剪成富有寓意和生命活力的阴阳剪纸（同时剪出一阴一阳两幅作品）。这种独特的剪纸艺术营造出的，正是此时无声胜有声的境界。

一衣带水

作者：赵子平

年代：当代

规格：120×30cm

作品根据《一衣带水》的典故进行创作，把五个情节连成册页，表明双方虽有河海之隔，但不足以成为交往的障碍。整幅作品如同连环画一般，将古老的故事诠释给现代人，颇有启迪意义。

留尼旺风情

作者：奚小琴

年代：2011年

规格：61.5×45cm

作品表现了留尼旺美丽的热带风情，以及热情奔放的土风舞。作品用色大胆，对比强烈，采用阴刻与阳刻相结合的技法，再根据主题的特征画上色彩，展现热带的绚丽景象。因为作品的主题是法语地区的风土人情，作者在右下角用了英语、法语共用字“Reunion impression”。

凤舞祥和

作者：奚小琴

年代：2013年

规格：56×56cm

作品底花为填色八均齐图案，上有四只顺时针旋转的舞凤为单独纹样，整件作品大气工稳。飞舞的凤凰是太平祥和的瑞鸟。图案中盘绕的宝相花，是融汇牡丹与荷花形象的意向之花，独具中华民族的传统特色，以富贵、圣洁之寓意盛行于隋唐之后。图中的一圈如意纹饰，也寓意万事吉祥。

剪纸长卷上海童谣

作者：李守白

年代：2005年

规格：17×0.6m

这幅剪纸长卷刻制上海童谣39首，文字1757个，人物152位，动物46只。昔日的弄堂是所有上海孩子的“天堂”，孩子们的纯真童心和创造才能，都在这里尽情展露：打弹子、滚轮子，造房子、顶核子，踢毽子、抽陀子……每一个上海人对石库门弄堂的美好回忆都在画面上一一凝聚。作品具有浓郁的生活气息和海派色彩，诉说了真实而难忘的上海故事。

上海童谣

窗栏馨院

作者：李守白

年代：2011年

规格：53×73cm

作品在技法上打破常规的平面套色剪纸，采用双层立体纸雕展示，形成强烈的3D立体效果。黑色窗棂与窗外美景形成对比，刻画出动静结合的画面。马赛克地板的黄与黑，恰到好处地刻画了屋内的光影效果。

龙年图腾

作者：王雨扣

年代：现代

规格：60×50cm

这是一件充满视觉冲击和艺术张力的剪纸作品，充分体现了作者镂空里见质感的艺术功底。作品朴素却又活泼，生动中透出浓郁的生活气息。通过丰富多变的剪纸手法，使整件作品错落有致，龙的形象呼之欲出。

海派面塑

上海面塑已有近百年的历史，最初是手捏花色糕点成为“面花”，随后演化为独立的面塑艺术。1840 年以后北方面塑艺人进入上海，其中以天津的潘树华最为著名，他的作品艳而不俗，工艺精细。潘的徒弟赵阔明，人称“面人赵”，是海派面塑的创始人，他的作品体现了海派文化多元、创新和精雅的特点。

在继承传统的基础上，赵阔明开创了面塑“手掐八法”和“工具八法”，形成一套完整的上海面塑技艺。“手掐八法”完全用手工操作，包括揉、捏、搓、捻、拧、挤、掐、拉；“工具八法”指借助相关工具，包括挑、拨、按、粘、嵌、刮、戳、滚。这套技法的形成又引申出许多新的技法，使面塑有可能运用多种艺术手段来表现人物的相貌神态。赵阔明的作品，人物表情细腻传神，服饰飘逸，质感丰富，具有雕塑效果，被誉为“无声的戏、立体的画”。

海派面塑的形成基础是北方面塑，因此借鉴京剧场景也是海派面塑选材上的特色。后人的创作，也汲取了这一特点。经过多年的发展演变，现在的海派面塑不仅保留了赵阔明的技艺特色和高度观赏性，而且解决了传统面塑存在的断裂、霉变、虫蛀三大难题，使面塑作品可以和其他工艺品种一样，得以长期保存、欣赏。

海派面塑艺术于 2008 年被列入第二批国家级非物质文化遗产名录。赵阔明及其传人赵艳林、赵凤林、陈瑜、容淑芝等人是该项目的代表性传承人。

弥勒佛

作者：赵阔明
年代：近代
规格：18×18×12cm

作品刻画的是一位敞开僧袍、手拿佛珠的弥勒佛，身靠布袋坐在地上，咧嘴大笑。作者采用传统面塑技法，重点刻画人物的神态，眉毛、手指、衣褶等细节一丝不苟，活灵活现。

仕女献寿图

作者：赵阔明
年代：近代
规格：10×18×25cm

作品取材于中国传统民间故事。老寿星一手握寿桃一手拄拐杖，一旁的侍女正在老寿星的头上戴花。作者运用传统面塑技法，重点刻画人物的动作神态，突出表现老人的慈祥和仕女的美丽。

仿象牙仕女

作者：赵艳林
年代：现代
规格：10×20×25cm

作品选取传统仕女题材，体现海派面塑风格。作者在创作过程中，重点突出象牙的质感，其中的宫灯，就借鉴了象牙雕刻中的镂雕技艺。仕女薄如蝉翼的服饰，更是传神之笔，作者在捏出形体后，用面粉一层一层“穿”在面人身上，从而达到逼真、写实的效果。

仿珊瑚年年有余

作者：赵艳林
年代：现代
规格：10×15×23cm

作品以传统年画为题材，采用传统与现代雕塑相结合的制作技法，重点刻画珊瑚石的质感，模仿雕工痕迹，使作品达到乱真的境界，仿佛是一幅“立体的画”。

霸王别姬

作者：赵艳林

年代：现代

规格：18×11×21cm

作品选取京剧《霸王别姬》中虞姬为项羽舞剑的经典场景，通过对剧情的把握、人物表情的提炼，突出项羽圆睁的双目、虞姬黯淡的眼神，表现他们内心的哀伤。作者运用写实与写意相结合的制作技法，力求在精巧细致中“无声”地传达戏中人物的情感。

反弹琵琶飞天

作者：陈瑜

年代：2000年

规格：15×10×27cm

作品首创面塑人物腾空而起的形象，结合灯彩艺术的表现手法，布置了飞云衬托，将反弹琵琶的天女表现得舒展和柔美，人物形象极其生动。

桃园结义

作者：容淑芝

年代：现代

规格：23×13×19cm

作品以中国历史故事为题材，运用传统面塑技法，重点刻画人物的动作神态，突出表现出刘备的仁、关羽的义和张飞的勇。

八仙过海

作者：容淑芝

年代：2010年

规格：25×15×12cm

作品取材于道教故事“八仙过海”。作者以高超的写实技艺，将这些人物形象、法器、船只、海浪表现得真实生动。

和合二仙

作者：赵凤林

年代：现代

规格：10×5×11cm

和合二仙有“欢天喜地”的别称，用来祝福。作者先用肉色面团做出和合二仙的头部、五官、身体，随后用面团混合广告色做出衣服、彩带及饰物等等。两个表情生动的娃娃手持盛开的荷花，蕴含和谐美好之意。

史湘云醉酒

作者：谢雅芬
年代：现代
规格：25×20×18cm

该作品取材于《红楼梦》中史湘云醉卧青石的一个片段，用面塑形式惟妙惟肖地展现了这个场景。只见湘云香梦沉酣，四周红香散乱，手中的扇子也落在地下。作者运用写实与写意相结合的制作技法，逼真地表现了人物的神态。

祝寿图

作者：吴宝琪
年代：现代

作品注重形体动作的表现和相互之间的呼应，细腻与粗犷并存，雄浑与柔和相融，使作品具有更为生动、浓郁的喜庆效果。

夜上海

作者：陈凯峰
年代：现代
规格：41×17×18cm

此作以二十世纪四十年代老上海富裕家庭妇女的日常生活为题材，用面塑还原了旧时的各种西洋家具，如电唱机、沙发、电话机等；用现代面雕的制作技法，重点刻画人物的神态和服饰，反映了上海的地方文化和生活细节。

金山农民画艺术

金山素有“吴跟越角”之称，历史文化源远流长，民间美术流传广泛。金山农民画是从田野间生长出来的原生态民间美术，作者大多是农村女性，当她们掌握了基本的绘画方法后，江南的民俗风土，农耕时代的生产、生活方式，刺绣、剪纸、印染等家庭杂艺，漆绘、灶壁画、箱柜画等技艺，都转化成绘画语汇。

金山农民画总体特征是构图饱满、造型质朴、色彩明快，舍技巧、靠直觉、重精神。强调主观感情，不受自然造型和色彩的局限；不讲究透视，常用散点或多视点组合，将物体平面展开以表现空间关系。金山农民画并不是对刺绣、年画、纸马的简单复制，而是注重对民俗生活或文化模式的挖掘，对生活习俗的尊重大于绘画技艺的追求。除却题材、审美的优势，其核心价值在于重新“激活”现代生活中已经淡化消失的文化符号，在于找寻心理基因的遗存、完成文化记忆的复制，构成“乡土风俗画”的样式意义。

金山农民画一直沿用宣纸，分单宣和夹宣两种。一般多使用单宣，有特殊的水墨晕化效果，加水粉色覆盖，可使色彩柔和并有“糯的调子感”。夹宣一般只用作装裱使用。

金山农民画于 2007 年被列入上海市第一批非物质文化遗产名录，其代表性传承人有曹金英、阮四娣、陈德华、阮章云、曹秀文、怀明富、陆永忠等。

鱼塘

作者：曹金英

年代：1978年

规格：69×51cm

此画描绘了水乡农民利用丰富的河塘资源饲养鱼虾的生活场景。画面蓝白相间的色调与秀丽的水乡景色十分协调，透溢出清丽雅致的韵味，是形式与内容相统一的佳作。技法上，借鉴了传统蓝印花布的表现形式。

贺新年

作者：陈芙蓉

年代：1979年

规格：60×50cm

此画描绘了江南乡村人们提着各式新颖别致的花灯欢聚村头、共迎新春的热闹场面。为了营造景美人欢的节日氛围，作者异想天开，让四季鲜花在瑞雪纷飞的新年同时绽放，这种主观独创性使作品格外新奇动人，呈现了民间超时空的审美观和想象力。

孵蛋

作者：阮四娣
年代：1983年
规格：63×54cm

此画描绘了母鸡孵蛋的场景。作品中环绕母鸡的是一株展露花姿的牡丹花，而母鸡身下正在孵化的是一窝彩色蛋，其主观性用色显得特别天真自然。技法上，借鉴了传统剪纸艺术的造型手法。

厨房一角

作者：张新英
年代：1981年
规格：55×61cm

此画以浓郁的生活气息和独特的艺术视角，描绘了除夕之夜，吃团圆饭之前准备祭祖的场面。传统的厨房用具，佳肴之上寓意吉祥的红色剪纸，彰显了节日的喜气和热闹。

鹊桥相会

作者：陈德华

年代：1981年

规格：51×65cm

作品呈现的是七夕相会的场景。画中以虚代实，生动刻划了牛郎织女两双亦喜亦悲的泪眼，又从银河的星星联想到了鱼眼，妙趣横生。技法上，具有民间纸马艺术的神韵。

放鹿

作者：阮章云
年代：1980年
规格：55×44cm

此画描绘的是山丘、鹿群和甘蔗林的原生态场景。画面中奔跑的鹿群呈动态之美，为人们传达了一种和谐安逸的大自然情趣。技法上，色彩与造型的处理独具匠心，富有韵律感。

鹦鹉

作者：怀明富
年代：1996年
规格：61×62cm

此画描绘了一群多姿多彩的鹦鹉在枝头嬉闹的景象，表现了人与自然和谐相处的美好。技法上，以黑色作背景衬托，使作品平添一种雅致的情调。

春意

作者：曹秀文
年代：1992年
规格：60×60cm

作品通过新枝嫩芽和江南人家的描绘，展现新农村一派生机勃勃、春意盎然的景象。技法上，运用擅长的装饰手法，清新洒脱，自然朴实，表达了人们对自然和生活的热爱。

江南之春

作者：陆永忠
年代：1998年
规格：62×69cm

画面中的江南正是披绿季节，三位相貌俊美的村姑或怀抱婴儿，或手挎包裹和竹篮，沐浴在和煦的春风里，为我们展现出一幅和谐幸福、充满希望的生活美景。技法上，采用平涂与晕染相结合的上色方法，洋溢着迷人而耀眼的色彩。

朵云轩木版水印技艺

木版水印技艺源于隋唐时期的传统雕版印刷术，有着非常悠久的历史。朵云轩木版水印在传承中国古代“饾版”套印和“拱花”技艺的同时，逐渐形成了自己的风格，以仿古、仿真见长，尤能再现水墨大写意的笔墨情趣。在江南温暖湿润的环境中，受“海派文化”的滋养，重格调，重笔墨，重韵味，风格温润、秀逸、委婉、细腻，与荣宝斋木版水印形成了“南朵北荣”两大流派。

今日朵云轩的木版水印，在继承传统的基础上，已发展成一门综合了绘画、雕刻和印刷的再创造艺术。它以简单的工具、复杂的技艺，通过“勾描”“雕版”和“水印”三道基本工序，将上至晋唐、下至现代的名家作品的笔墨情韵原汁原味地再现出来。朵云轩的木版水印作品涵盖了中国画人物、山水、花鸟等题材，镜片、册页、立轴、手卷等形式，工笔、没骨、写意等技法，纸、绢、金笺等材料。

主要代表作品有：《明胡正言十竹斋书画谱》（宣纸本）、《明刻套色〈西厢记〉》（宣纸本）、《明杜堇水浒人物图》（宣纸本）、《晋顾恺之洛神赋图卷》（绢本）、《宋佚名消夏图》（绢本）等。

勾描是木版水印的第一道工艺程序，不仅关系到作品的格调，而且还关乎雕版和水印能否传达作品神韵。

雕版是木版水印的第二道工艺程序，也称刻版。

刷色是木版水印的第三道工艺程序，也是水印中的一种专业技法。

朵云轩木版水印技艺于 2008 年被列入第二批国家级非物质文化遗产名录。代表性传承人有蒋敏、林玉睛、郑名川等。

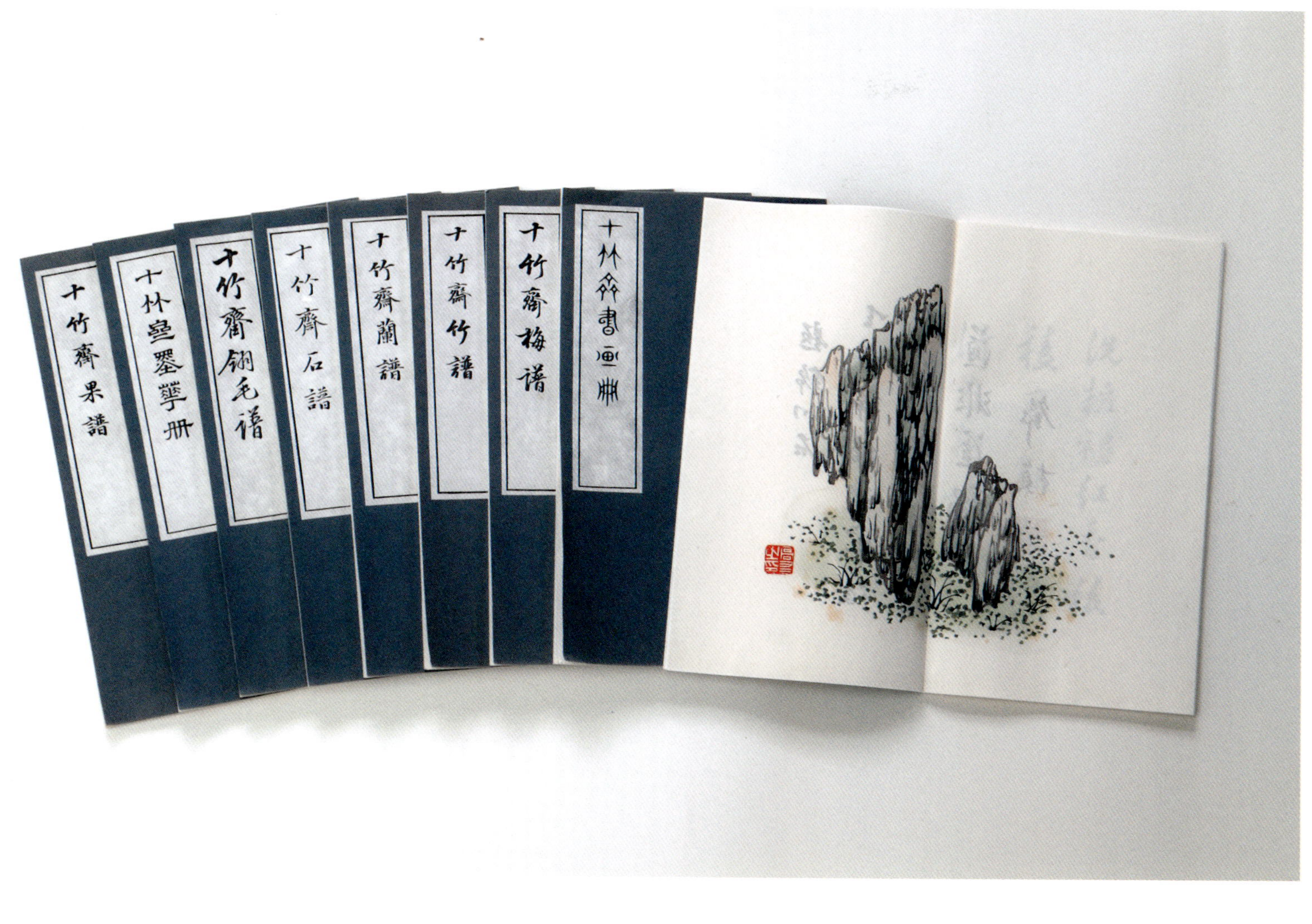

十竹斋书画谱

年代：1985年（朵云轩重梓）

形制：蝴蝶装一函十六册

材质：宣纸本

规格：30.2×16.6cm

《十竹斋书画谱》系明代胡正言辑印成集的中国版刻史上第一部饾版彩色套印画本。全帙凡八谱十六册，画面精雅。明代原版本传世极少，几近湮失。朵云轩汇集存世明刻本，校勘遴选，配成足本，以木版水印技艺重梓经典，历时五年，于1985年完成，再现了明版原貌。工程浩大的《十竹斋书画谱》的善本再造，荣获1989年度莱比锡国际图书博览会国家大奖。

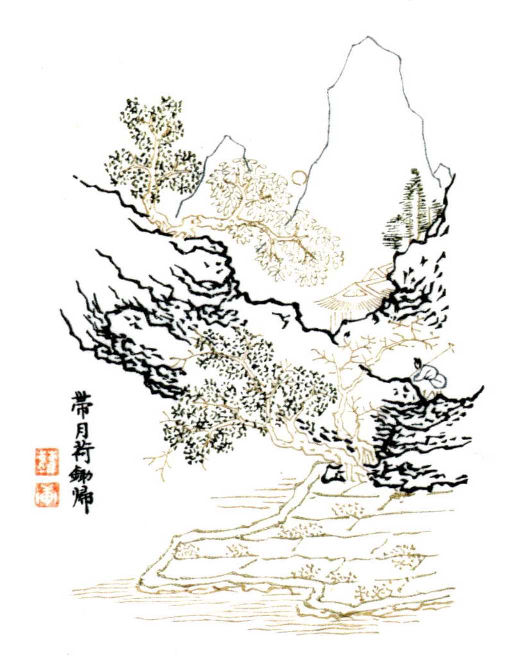

萝轩变古笺谱

年代：1981年（朵云轩重梓）

形制：线装衬订一函两册

材质：宣纸本

规格：31.8×21cm

《萝轩变古笺谱》于明代天启年刻制，是我国现存的年代最早的笺谱。这部海内仅存的国宝级孤本，在中国艺术史、印刷史上具有无可估量的艺术价值、文物价值和文献价值。朵云轩用与原本完全相同的饾版、拱花工艺重造，纸选加料加厚徽宣，略加染旧，纸面用卵石细细研磨；墨用陈年油烟，端砚细研，细绢滤过；色以传统之矿物、植物颜料调兑。殚工尽巧，潜心雕印，遂重现此翰苑之奇观。

木版水印群仙祝寿图

年代：2010年

形制：通景屏

材质：金笺本

规格：206.8×59.5cm

任伯年是中国画“海上画派”的杰出代表，19世纪中最具有创造性的宗师。《群仙祝寿图》为近代绘画史上少见的经典巨制。作品表现了46个神仙人物共赴王母寿筵的仙灵境界，场面宏大，构思奇妙，有着浓郁的艺术氛围。朵云轩采以木版水印技艺，费八年时间，精心雕印，创造出有史以来尺幅最大的木版水印精品。

徐渭杂花图卷

年代：1983年

形制：手卷

材质：宣纸本

规格：1042×30.3cm

《徐渭杂花图》为南京博物院镇院之宝之一。徐渭以疾飞狂扫的豪放气势信笔涂抹，笔触歪斜正侧，变化多端，画中线条、造境、墨彩、气韵无不流畅自如。谢稚柳曾冠以“天下第一徐青藤”的美誉。朵云轩木版水印《徐渭杂花图卷》，将作品的笔墨韵味表现得淋漓尽致。朱屺瞻观后，赞叹再三，在卷后题下“与原迹几无二致，余展读再四，如又与昔贤晤对矣”之句。

木版水印陈老莲花鸟草虫册

年代：1958年

形制：蝴蝶式册页

材质：绢本

规格：25×20cm

陈老莲，名洪绶，字章侯，因好画莲，自号老莲，是明末清初杰出的画家。《花鸟草虫册》创作于1633年，是其盛年佳作，原作藏上海博物馆。木版水印《花鸟草虫册》由朵云轩胡也佛等名家勾摹刻稿，分版细致，雕印传神。初版印章由著名篆刻大家陈巨来摹刻，有出蓝之誉。

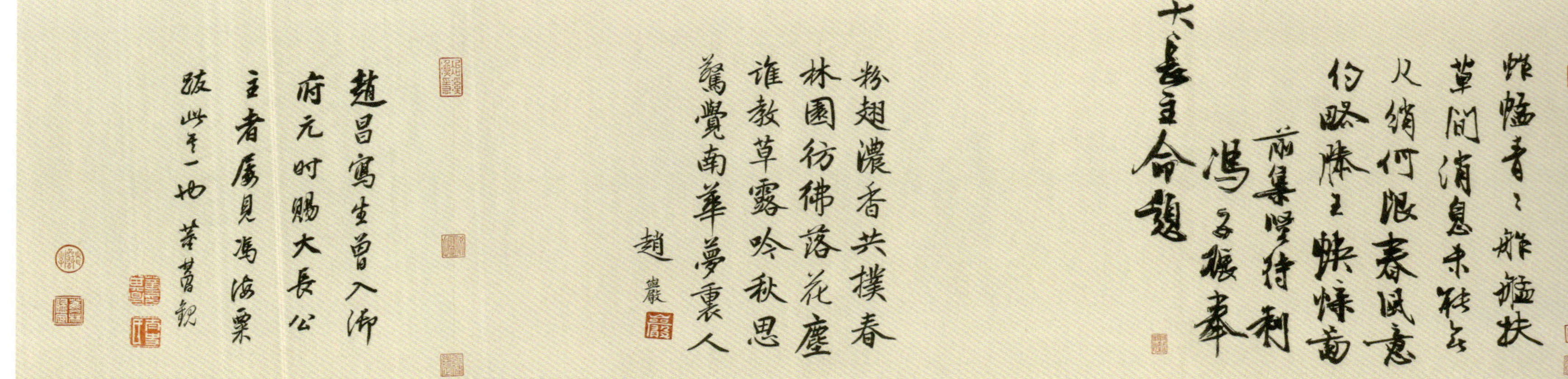

写生蛱蝶图手卷

年代：2015年

形制：手卷

材质：笺本

规格：91×27.8cm

《赵昌写生蛱蝶图》为著录于《石渠宝笈》的宋代名迹。画中土丘一隅，杂卉两簇，枯草舒展；三只蛱蝶翩翩然飞舞在花草之间，钻出花丛的蚱蜢停在绿叶上欲跳又止，形态逼真又富于生趣。朵云轩木版水印通过146块雕版，近千次的套印，近乎完美地再现了画家设色明润，笔迹柔美，刻画入微，意境空幽的画风。

朵云诗笺

年代：1923年

形制：盒装笺纸

材质：宣纸本

规格：22.5×13cm不等

朵云轩1920年代制“十景木匣诗笺”，形制为木质手提式书匣装，内有阔度不一的大、中、小等十个纸盒，盒长均为24厘米，可依阶梯形平置叠放，两盒嵌合。纸盒内的诗笺均纵22.5厘米，横宽随盒之小大。盒内笺纸或为饾版套色，或为单色线描，皆为木版水印。

周虎臣毛笔制作技艺

毛笔制作是我国一种传统的手工技艺。一支高级毛笔的制作非常繁复，从选毫到刻字，要经过五大流程七十多道工序。周虎臣毛笔制作技艺以开创者周虎臣的名字命名，周虎臣笔厂在 300 多年里积累了丰富的制笔技艺。

上海开埠后，笔墨庄由苏州迁移到上海，它兼取各家之长，将毛笔性能与书画风格相联系，集湖笔、水笔、书画笔三大制笔技艺之精华，开创了海派毛笔，使之更适应海派书画的创作。

周虎臣集众家制笔技艺于一身，制作时又发挥各家之长，在继承传统的基础上不断创新，从制作狼毫水笔到羊毫、兼毫，发展到狼毫书画笔等，形成了“健腰法”“顶齐法”“层峰法”“精修法”和动物毛“配置法”等技艺精要，改善了毛笔的使用功能，把海派毛笔制作技艺推到了一个新的高度。

周虎臣制作的狼毫水笔“湘江一品”“双料乌龙水”“九重春色醉仙桃”“大京水”“臣心如水”，号称“五虎将”，具有较高的实用性，广泛地满足了当时人们记账、抄写等应用性书写的需求。周虎臣制作的狼毫水笔、羊毫、兼毫品质优良、既有民间日常用笔，也有贡笔、御笔及官府公务用笔。进入上海后，更吸取融合了湖笔羊毫的制作技艺，丰富了制笔的品种，进一步提升了质量。

周虎臣毛笔制作技艺于 2011 年被列入第三批国家级非物质文化遗产名录，代表性传承人有佘其春、谈正明、吴庆春等。

万寿贡笔

作者：谈正明（复制）

年代：2008年

规格：大号：直径1.85cm　出锋7cm　杆长27cm
　　　中号：直径1.65cm　出锋6cm　杆长27cm
　　　小号：直径1.35cm　出锋5.2cm　杆长27cm

1713年康熙皇帝60大寿，周虎臣笔庄用精选的正冬北狼毫配以石獾毛等制作贺寿贡笔60支，由两江总督进贡朝廷，康熙用后大悦。2008年谈正明根据原笔特点和制作工艺进行复制。

吴昌硕定制笔

作者：吴庆春（复制）

年代：2008年

规格：直径1.4cm　出锋6cm　杆长15.2cm

原笔是近代著名书画家吴昌硕定制。由于缶翁是海派书画的泰斗，学生众多，纷纷要求复制此笔。复制者根据原样，分析材料配比，精选湖州地区山羊毛，以细光锋为主，配以羊胡须和猪鬃增加健力，能写石鼓文，具金石气息。

鲁公书魂

作者：佘其春

年代：2007年

规格：直径1.5cm　出锋6cm　杆长23cm

鲁公（颜真卿）是唐代杰出的书法家，书风沉着劲健，气度雄伟，用笔丰肥饱满，与柳公权并称“颜筋柳骨”。此笔根据颜体特点，选材上用羊毫做“披毫”，笔柱以貉子毛、牛耳毛、羊毫适配；出样时笔腰饱满，笔力强健，蓄墨量多。

曹素功墨锭制作技艺

曹素功墨锭制作技艺始于清康熙六年（1667），其创始人曹素功（1615—1689）在安徽歙县岩寺镇创立曹素功墨庄。墨庄于1782年迁往苏州，后又于同治三年（1864）迁至上海，至今已传十五代，绵延近四百年。

曹素功墨锭制作技艺，是传统墨锭制作中颇有特点与具有影响的技艺。清《墨林初集》称赞其技艺“选料上乘，杵必三万，用物宏而取精多，神明其法，谐微造极”，其墨品“一点如漆，百年如石”。相传“天下之墨推歙州，歙州之墨推曹氏”。

曹素功墨锭制作技艺选料精细、技艺精湛，制墨技艺主要有炼烟、和料、制墨、翻晾、描金、模雕等工艺。

同治年间从苏州迁至上海后，在上海浓厚的人文氛围和海派书画的影响下，曹素功墨锭制作技艺有了很大的创新和发展，逐渐形成了“海派书画墨”的风格与特点。曹素功墨庄为书画名家定版制墨，书画家参与绘稿设计，使墨面的艺术风格与海派书画同步发展协调一致。曹素功墨锭具有“烟细、胶轻、质坚、墨香、模美”的特点和风格。主要代表作品有：《黄山图》《金殿余香》《九子图》《铁斋翁书画宝墨》《雨中岚山》《西泠印社记》等。

曹素功墨锭制作技艺于2011年被列入第三批国家级非物质文化遗产名录，代表性传承人有鲁建庆、李光雨。

黄山图

作者：程加臣

墨模年代：康熙年间

制作年代：20世纪50年代

规格：1.9×7.8×0.6cm

《黄山图》是康熙南巡时曹素功进贡的墨品，康熙用后非常满意，御赐“紫玉光”三字。《黄山图》是以黄山三十六峰为题材，根据三十六峰的形状，设计成三十六锭，合则成图，分则成峰，构思巧妙，雕刻精细，墨泛紫光，香味持久，如同美玉。

西泠印社记

作者：李光雨

墨模年代：20世纪80年代末

制作年代：20世纪80年代末

规格：6.8×29.6×2.3cm

西泠印社定版墨。墨模用平底浅浮雕移刻王福庵篆书“西泠印社记”碑文，全文共623字，镌刻在25×6.11cm的墨面中，传递出原碑的气韵，凝结着制墨艺人的高超技艺。

提梁

作者：鲁建庆

墨模年代：光绪年间

制作年代：20世纪80年代

规格：2×7.8×0.9 cm

《提梁》集锦墨全套共十六锭，由制墨大师、国家级传承人鲁建庆制作。墨模创制于同治光绪年间，题材取自传统喜庆贺辞，配以相应瑞兽祥禽之图，由著名海派画家钱慧安绘稿，雕刻家胡国宾镌刻墨模。图案设计富于趣味，工艺细致。是早期海派书画墨之代表作。“提梁”为物器上提举之鋬，以“提梁”名墨，益增把玩情趣。

七香图

作者：曹春和

墨模年代：乾隆年间

制作年代：20世纪80年代

规格：13.4×13.4×2 cm

《七香图》墨呈十二棱形，制于清代，原为清代宫廷藏墨。墨面书“御墨”二字篆书，下书“七香图”三字隶书，皆阴识填金；下钤有“至味寓淡泊”篆书小印。墨背绘“七香图”一幅，图中有梅、兰、桂、荷、牡丹、百合、丁香等七种名花，枝叶繁茂，交相辉映。墨以“七香”为名，图以名花，寓意此墨不仅墨色黝黑，且幽香常驻。

枕雷阁

作者：曹春和

墨模年代：民国初年

制作年代：20世纪80年代

规格：8.5 × 15.5 × 1.5 cm

墨面刻清代名画家顾麟士的山水画《枕雷阁》，背面雕刻唐代大小两种忽雷图形。工艺细致，清晰悦目，为名家镂刻。经填金描色，更显得古朴典雅。此墨模系清末民初创制，故被行家视为艺术珍品。

唐大忽雷
唐小忽雷

月份牌年画

月份牌年画（擦笔水彩年画）产生于二十世纪初，是在中国传统绘画的基础上，吸取西方擦炭画和水彩画技法而形成的独特绘画。十九世纪，擦笔画技法传入中国，绘画时先勾勒轮廓，随后用炭粉擦出明暗，再敷以鲜丽通透的水彩，产生细腻柔和、甜美光艳的效果，尤其适合表现时尚女性。清末，上海、香港等开埠较早的商业城市，出现一种带有中西月历的年画，随商品赠送，称“月份牌”。最早的月份牌采用单线平涂的工笔画方法，以木版雕刻手工印刷。1914 年郑曼陀创作擦笔水彩月份牌《晓妆图》，用先进的印刷设备印制，标志着月份牌年画的诞生。

月份牌年画是融合中西绘画技法的突破性创新，其产生、发展贯穿中国近百年历史，大量画作所展现的内容与社会变革息息相关。画家们以细腻的笔法、丰富的色彩描绘了近代上海的社会风情以及新中国的蓬勃朝气，具有独特的艺术审美价值；对研究中国尤其是上海近现代史、美术史、商业广告乃至服饰、民俗等，有重要的历史文化价值。

月份牌年画于 2009 年被列入上海市第二批非物质文化遗产名录，该项目的代表人物有郑曼陀、金梅生、李慕白、金雪尘、杨俊生、黄妙发、杭稺英、杭鸣时等。

盈盈一笑

作者：金梅生

年代：20世纪30年代

画家用高超的擦笔水彩画技巧表现当年一位时尚美女的悠闲生活。画中女性身着丝质短袖旗袍，肌肤白嫩，外貌靓丽，气质高贵；看似随意的姿态，蕴含了作者严谨的构思和巧妙的安排。这是一幅用擦笔水彩表现女性形象的最具代表性的月份牌画作。

曲尽人欢

作者：杭稺英

年代：20世纪40年代

作者运用典型的擦笔水彩技巧表现美女的白嫩肌肤和艳丽外貌。作品立体感强，水彩的透明与滋润创造出逼真的皮肤质感，突出了女性的丰腴、秀媚和阴柔之美。

贵妃醉酒

作者：杨俊生

年代：20世纪50年代

这是一幅具有独特风格的月份牌经典。作者用独特的画技来表现梅派名剧的神采，把大师表演的贵妃醉酒刻画得惟妙惟肖。据悉作者很少运用擦笔技法，他的很多作品都是用颜料慢慢渲染而成，从而成为月份牌年画中独特的画派。

挡马

作者：谢慕莲

年代：不祥

这是一幅以传统戏曲为题材的月份牌画作。作者标新立异，大胆摆脱构图束缚，让人物的腿延伸至画框外，打破了画中人物与观者的距离感，这是画家对传统月份牌的突破性尝试。

大公鸡

作者：杨馥如
年代：20世纪60年代

月份牌年画《大公鸡》采用了独特的装饰画法。作者用初升的太阳衬托一只报晓的大公鸡，颂扬当时朝气蓬勃的奋进精神。作者用未经调和的鲜亮照相颜料直接渲染，通过独特的构图造型，使这幅作品成为月份牌年画中的代表作。

金鱼舞

作者：李慕白 金雪尘
年代：20世纪60年代

这是一幅具有代表性的月份牌佳作。作者用水彩画特有的湿润效果，将两位演员优美的舞姿和梦幻般的舞台背景完美地结合，好似美丽的金鱼在水中悠闲游动，堪称擦笔水彩技法运用到极致的一个典范。

首都节日盛况

作者：章育青
年代：20世纪80年代

这是一幅表现上世纪80年代国庆大阅兵的作品。章育青的技艺特点就是完全摒弃擦笔和炭精粉，大多用水彩纯色作画，擅长画大场景，作品深受百姓喜欢。他的通景画法成为月份牌年画不可或缺的一个风格流派。

上海大世界

作者：章育青
年代：20世纪50年代

作者描绘了新中国建立初期重新改造后的上海大世界游乐场的全景。场内张灯结彩，熙熙攘攘的人群看戏游玩，反映出建国后社会安定和睦，人民生活安逸无忧。这也是月份牌年画改造发展后的代表性作品。

帛 画

帛画是指画在绢、纺、纱、绉、绫等真丝平面织物上的绘画，是三千多年前古代中国人原创的独立画种，是传统中国画的起源，也是中国传统艺术中历史最悠久的艺术形式。长沙出土的东周战国帛画和西汉马王堆帛画，作为中华文明的瑰宝，早已享誉世界。

帛画所用的真丝织物是动物蚕的蛋白纤维，经过帛画的技法染色后的丝，会呈现出晶莹剔透的亮丽色泽和折光反射效果，因此，它的色彩高饱和度相较于纸、布更胜一筹，是其他绘画材质无法比肩的。

当代帛画的勾勒敷色技艺在继承古代帛画勾勒法、平涂法、晕染法、积染法、罩染法、破染法、反衬法诸法之外，更创造和运用撞水冲色法、点彩融和法、干色水痕法、流擦法、正反异形透叠法、颜料染料混合法，在统一色调的画面中，在不同色温或不同射角的光线下，以及不同的观画角度中，视觉形象或隐或现、或分或合，色彩或冷或热、或艳或淡，变幻莫测，并始终显露出不同材质帛料的表面肌理和经纬纹路。

帛画于 2015 年被列入第五批上海市非物质文化遗产名录，代表性传承人为穆益林。

孔雀河的春天

作者：穆益林

年代：2012年

规格：67.6 × 49.1cm

此帛画作品属于《丝路风情》系列，画面的色彩效果会随着视角不同、光源不同以及光线照射角度不同而变化，时而绚丽夺目，时而淡雅含蓄，光和色相互交融，笔墨和图形时而显露，时而隐没。

过大年

作者：穆益林

年代：2006年

规格：154 × 114cm

作品构图新颖别致，在绢帛上将颜料尽情地铺展开来，色彩重叠交错，意境悠远，充分展现了丝帛的材料之美，将丝帛材料的特性与绘画技法恰如其分地结合起来，既古朴高贵又颇具现代感。

荷塘印象·清辉

作者：穆益林

年代：1999年

规格：66×67cm

帛画所用的丝织品拥有透叠性、折光性和色彩高饱和度等特性，能使帛画产生其他画种无法比拟的独特魅力。如果说宣纸画以水墨见长，帛画则更于丹青见长；传统水墨画重在写意清雅，帛画则色彩更浓烈，情感也更炽烈。

忆江南

作者：穆益林

年代：2011年

规格：152.1×72cm

作者从帛画材质的特性入手，采用中国画最传统的“正染反衬”绘制手法，使帛画随着观赏的角度和光源的变化，显出变化无穷的奇异色彩和丝帛的肌理色泽。

花卉图轴（清·柳滨）

规格：35.5×89cm

款识：岁朝清供 癸酉吉月甬上海渔笙 柳滨

本画为柳滨晚年作品，修复前画心断裂成片，部分画意缺失，污迹、霉斑严重。经过清洗、拼接、全色、接笔，终于恢复旧貌。

花卉图轴（清·伯文）

规格：35×139.5cm

款识：甲子秋七月 伯文

本画修复前画心污迹严重，颜料氧化，画意残缺，且断痕众多。经过清洗、全色、接笔，整幅画的面貌才重现光彩。

山水（清末民初·余华）

规格：65×131cm

款识：（略）

画幅破损，断裂严重，局部缺失；石青石绿部分走油严重，画意失神。因画心品相残破，需小心处理，以防对画心造成二次损坏，经过十几道工序方使画心完整。

工笔仕女图（佚名无款）

规格：40×85cm

无款识

本幅画作修复前破损断裂现象严重，画意上方严重缺损，画面通体发黄，局部有水渍污迹返铅等现象。据纸张的酥脆程度判断，该画作应为民国时期的作品。由于画心为熟宣，只能用温水稍作清洁，随后局部处理返铅的地方；再寻找和画心相似的纸做命纸，进行染配、修补、接笔等工序，从而使画面完整如初。

珐琅彩瓷器绘制技艺

珐琅彩瓷器绘制技艺是将画珐琅的技法移植到瓷胎上的一种釉上彩装饰手法，正式名称为“瓷胎画珐琅”。珐琅彩瓷始创于清代康熙晚期，由引进的国外珐琅材料创制而成，并成为宫廷御用瓷器。

珐琅彩瓷的特点是瓷质细润，彩料凝重，色泽鲜艳靓丽，画工精致。在表现形式上，沿用古法配置与颜料的配合，再结合现代西方古典油画手法，与“院体”工笔融汇一起。珐琅彩绘制艺术堪称一绝。

珐琅彩瓷器绘制的工具大致可分为毛笔、珐琅颜料与薄胎瓷器三种。

一、毛笔——专门定制的鼠毫长杆笔。极富韧性与弹性，质感极软相合，笔锋历久坚韧，可以保持笔锋的尖细耐久。

二、珐琅彩料——专门用于釉上瓷器的矿物颜料，包括国外进口的矿物颜料，便于使用。

三、瓷胎——选取上好的陶泥料，胎体莹白而剔透，薄而邃沉。置于光源中，光能透过胎体而呈现出晶莹之美。

珐琅彩瓷器绘制技艺于 2013 年被列入徐汇区第五批区级非物质文化遗产名录，代表性传承人为刘进。

富贵

作者：刘进

年代：现代

规格：11×11×6cm

瓷胎晶莹玉润，呈现出“白、润、薄、透”之美感。作者用纯矿物质和色料配方研制的颜料，使瓷器的色彩更加雍容华贵，更加适合表现作品的细节，从而大大丰富了传统的瓷画色彩。代表富贵的牡丹花用点染方式，尽显大气和高贵。

仁者寿

作者：刘进

年代：现代

规格：12×12×6.5cm

作者采用墨彩描金的方式，细腻地表现孩子的活泼神态，皮肤用点染方法，娇嫩似弹指可破。

螳螂杯　红蜓秋叶杯

作者：刘进

年代：现代

规格：7.5×7.5×4.5cm

器形端庄典雅，胎质莹润洁白。引西洋写生之技法，攫北宋工笔之神髓，气质娴雅，仪态雍容，堪称汇融中外，巧夺天工。

天工开物

上海灯彩

“何克明灯彩”又称“上海立体动物灯彩”，是上海本土灯彩艺术的代表。上海近代灯彩继承发展了古代灯彩的优秀技艺，不仅灯彩的材质在不断更新，有麻、纱、丝绸、玻璃等，而且品种更为丰富，有撑棚灯、走马灯、宫灯、立体动物灯四大类。其中何克明的立体动物灯彩，集观赏性、艺术性、装饰性于一体，是上海灯彩艺术中最精粹的部分。

上海地处江南，丰富悠久的民间文化对开埠后的上海影响深远，其中具有民间特色的扎灯工艺，就影响着上海一代代的灯彩艺人。何克明在继承江南彩灯工艺的基础上，通过自己的悟性和创新发展，逐步从传统的宫灯、苏州的亭台楼阁灯、扬州的八角玻璃灯、浙江夹石的夹纱灯等，发展到群众喜爱的“立体动物灯”。他还吸收西洋雕塑艺术，以动物造型作为骨架结构，用铅丝缠绕皱纸代替传统的竹蔑，使扎制的灯彩骨骼结构准确，造型生动，姿态传神。在题材上多以充满灵性和吉祥寓意的动物为主，吸取了许多民间故事传说的内容，凝聚着丰富而醇厚的文化底蕴，从而形成了独具特色的“上海立体动物灯彩”。

何克明灯彩艺术于 2008 年被列入第二批国家级非物质文化遗产名录，何克明及其传人何伟福、吕协庄等人是该项目的代表性传承人。

双龙戏珠

作者：何克明

年代：1982年

规格：70×50×160cm

此件作品中，二龙神态各异，金龙凶猛，火龙沉稳。双龙的四周布满了形态各异、色彩不同的云彩，龙的四腿四爪均有火炬相随，表现二龙腾云驾雾。两条龙身上共有5000多片鳞片，分大小5种，每片鳞片均用30号金丝弯扎而成，外用红黄绿绸裱糊，上面再镀金片，显得闪闪发光，灿烂生辉。每条龙的体内均安装十多只15W灯泡，双眼亦用灯泡制成。

龙凤呈祥

作者：吕协庄

年代：2005年

规格：100×50×92cm

作者擅长在写实、变形和夸张之间创造传神的主题形象，使灯彩作品达到惟妙惟肖的境界。在这件作品中，她巧妙地将现代图案和色彩理念融合到传统题材中，使整件作品五彩缤纷，绚丽夺目，营造出梦幻般的意境，给人们一种美妙的享受，达到了立体动物灯彩的极高意境。

凤穿牡丹

作者：何伟福

年代：2009年

规格：110×60×90cm

作品中一只展翅的五彩金凤凰站立于盛开的牡丹花丛中，旁边两只小鸟朝着凤凰鸣叫。凤尾部分安装了几十只二极管，闪闪发光，五彩缤纷。作品华丽鲜艳，栩栩如生。

松鹤长青

作者：何伟福

年代：2008年

规格：110×60×90cm

作品由一棵古老的松树和八只形态各异的仙鹤组成，其中一只仙鹤立于松树顶端，展翅欲飞。松树代表万古长青，仙鹤代表和谐长寿。技法上采用搓、扎、剪、贴、裱、糊、描、画，充分体现“匀、正、紧、挺、齐、鲜”六大工艺特征。

池塘清趣

作者：何伟福

年代：2014年

规格：40 × 25 × 75cm

整个作品表现夏日的池塘情趣，蜻蜓、青蛙、翠鸟、莲蓬以及荷花内均安装了小灯泡，通电后更是光彩夺目，栩栩如生。

双狮戏球灯

作者：何伟福

年代：20世纪80年代

规格：110 × 55 × 60cm

民间一直有“狮子滚绣球，好事在后头”的说法。作品塑造了二只造型迥异、威武生动的狮子。狮毛分上下五层，每层都用编扎的细金丝表现狮毛的卷曲。技法上采用搓、扎、剪、贴、裱、糊、描、画，体现“匀、正、紧、挺、齐、鲜”六大工艺特征。

金银细工制作技艺

金银细工产品按制作技艺的不同，分为北京、广东（以及香港）、上海等代表性地区。上海地区的金银细工以镶嵌、金银错、范铸、镂空、錾刻为主要技艺。老凤祥金银细工技艺发端于上海市黄浦区，创始于清道光二十八年（1848），至今已有一百五十多年的历史。老凤祥的诞生与成长是上海金银细工技艺发展、兴盛的一个缩影。

老凤祥金银细工制作技艺是用金银等贵金属进行加工的制作工艺，由于金银器物大都比较精致，加之材料的优异延展性，可薄至蝉翼、细至毫发，故采用的技艺都非常繁复、细巧，由此形成一门独特的精细工艺。

老凤祥金银工艺流程环环相扣，心手合一，整体构思，细微雕琢，其浑然天成的境界，是现代化科技无法替代的。其中，半立体抬压是摆件制作的主要技术，又称“阳花抬压工艺”，是在平面材料上按设计要求抬压出立体效果的图形，有花草、动物、山水、人物和建筑等。此外还有鎏金、泥塑、钣金、拗丝、镶嵌和雕琢等各种技法。

老凤祥金银细工制作技艺于2008年被列入第二批国家级非物质文化遗产名录。该项目代表性传承人有张心一、沈国兴、吴倍青等。

双龙戏珠酒壶

作者：佚名

年代：1953年

规格：35×35×20cm

作品采用钣金、抬压、焊接、錾花、镶嵌等工艺制作，技艺精湛。酒具以传统龙为装饰，其造型古朴，制作工艺繁复。

双鱼抢珠

作者：佚名

年代：19世纪30年代

规格：8×8×20cm

作品设计巧妙，制作精良。造型有龙、鱼、祥云等，采用了钣金、抬压、焊接、錾花、镶嵌、铆接等工艺制作。

八仙神葫

作者：张心一（设计）

沈国兴、朱劲松、沈广裕（制作）

年代：2008年

规格：高78cm

作品以葫芦为造型，运用捶揲、钣金、抬压、焊接、拗丝、錾刻、精铸、镶嵌、铆接、研亮等多种手工技艺制作。主体葫芦用金片钣金制作，通体手工弹压錾刻，八仙、祥云、水浪、宝相花纹等采用浮雕、立雕、透雕相结合，用翡翠、白玉、红宝、紫金、玛瑙等宝石点缀，顶端有金叶金藤环绕，显得生机勃勃。“八仙”神态各异，呼之欲出。

盛世观音

作者：张心一（设计）

吴倍青、王伟成、丁毅（制作）

年代：2003年

规格：高88cm

《盛世观音》采用老凤祥传统手工技艺“金银细工”，由观音像、佛光板、莲花宝座三大部分组成，分别运用抬压、錾刻、浇铸、焊接、镶嵌、研亮等工艺，整件作品以黄金、象牙、翡翠、红宝、珍珠相结合，交相辉映，浑然一体，衬托了观世音恬静仁爱、智慧慈悲的法相。

鸳鸯酒具

作者：陶良宝
年代：1972年
规格：33.5×21×26cm

作品中的酒杯造型为一对鸳鸯，酒壶造型为一朵荷花，壶内可贮存两种不同的酒且能随时斟出，酒盘则设计成一张荷叶。同时，将翡翠、红宝石、孔雀石等分别镶嵌于杯、壶、盘的突出部位，使整套作品更加光彩夺目，富有装饰美。

凤鸾和鸣

作者：张心一（设计）
朱劲松（制作）
年代：2011年
规格：70×70×70cm

民间崇尚龙凤图腾，是对美好生活的向往和追求。此件摆件造型优美，鸾与凤对首呼应，动静结合，给人以优雅富贵之感。作品采用老凤祥传统的捶揲、抬压、焊接、錾刻等手工技艺制作。

盘龙戏珠二胡

作者：龚耀宗

年代：当代

规格：10.5×15×88cm

该款二胡以老红木为主材，以盘龙戏珠为题，在龙年之际推出，取意一团和气。盘龙龙首居中，用浅浮雕技法刻成，而龙珠则以镂雕方式雕成，刻工精细，图案层次分明，是难得的木艺相融的佳作。

象牙极品琵琶

作者：高占春、钟明敏

年代：当代

规格：31.5×11×102cm

以唐代白居易《琵琶行》诗作为设计主题，主体材质为紫檀木，采用牙、竹、木雕等技艺。以精湛的雕刻技巧，充分体现其艺术特色。整款琵琶精雕细琢，又浑然天成，集观赏性、收藏性、实用性于一体，是精品中的极品。

双龙琴首琵琶

作者：周肇林（指导）

年代：当代

规格：32×11.5×102cm

从汉代开始，双龙戏珠便成为一种吉祥喜庆的装饰图纹，多用于建筑彩画和器皿装饰上。通过两条龙对玉珠的争夺，表达人们对美好生活的追求。该款琵琶以双龙戏珠为主题，头部用木雕技法刻成，并以骨片做底，与琵琶浑然一体。

大唐遗韵琵琶

作者：周肇林（指导）

年代：当代

规格：32×11.5×102cm

作品乃《大唐遗韵》系列产品之一。此款琵琶绘刻牵藤引蔓图式，错以螺钿装饰，光泽四耀，聚大唐之富贵，寓中华之昌盛。该款琵琶经中央民族乐团首席琵琶演奏家吴玉霞鉴定，确属精品。

正仓遗韵古筝

作者：徐振高（监制）

年代：当代

规格：1630×35×200cm

图案创意源自正仓院的馆藏乐器，在图纹中巧妙运用玳瑁和螺钿的天然色彩，于花瓣枝叶中对比、点缀运用，使图案更加生动。该款古筝已成为上海民族乐器一厂敦煌杯古筝比赛规定款式。

双鹤朝阳古筝

作者：徐振高

年代：当代

规格：1630×35×200cm

作品以浮雕表现仙鹤、苍松、红日，鹤之灵、松之苍、日之辉，于豪放中见细微，尽显高贵优雅之气韵。徐振高于1961年创意设计的双鹤朝阳图饰，为上海民族乐器一厂的注册商标，一直沿用至今，也是该厂使用最多的图饰。

海派紫砂艺术

海派紫砂艺术是十九世纪末以来在上海地区出现并成熟的，融紫砂造型、书画镌刻、诗文题句为一体的艺术形式。

上海开埠以来，书法、绘画、篆刻等多种艺术形式交流融汇，海派紫砂艺术由此时孕育。在经济发展和文化交融的推动下，紫砂的设计、制作和销售得以迅速发展。十九世纪后期，海派紫砂艺术渐趋成熟。海派书画的领袖任伯年、吴昌硕、黄宾虹、张大千等都直接参与了紫砂壶的制作镌刻。新中国成立以后，在吴湖帆、刘海粟、唐云、程十发等人推动下，出现了一批反映传统文化和文人情趣的紫砂作品，标志着海派紫砂艺术的成熟。

海派紫砂艺术最大的特点是古今贯通，继承传统，融入现代。在紫砂壶的造型上，仍以流传有序的花壶、光壶、筋壶为主，但又互为变通，形态别致，形神兼备，美观实用，具有时代气息。从某种意义上可以这样解释，海派紫砂艺术已从一般的实用功能中剥离出来，成为一件美学意义上的艺术作品。它融雕塑、造型、书画、诗文、金石于一炉，所谓“字依壶传，壶随字贵”。

海派紫砂艺术于 2011 被列入第三批上海市非物质文化遗产名录，以许四海为代表的上海地区的紫砂名家拓展了海派紫砂艺术的设计理念和作品范围，在茶具、文具和陈设诸类作品中都显示了海派文化的精华。

松针扦瓶

作者：任淦庭（制作）

年代：民国

规格：20×20×50cm

任淦庭（1889—1968）又名干庭，字缶硕，号濑石、石溪，别号聋人、大聋、左腕道人、左民。此件作品形体优美，刀法圆熟老辣；小鸟立体感强，栩栩如生，画面干净利索，小中见大，大中见秀，气势不俗。

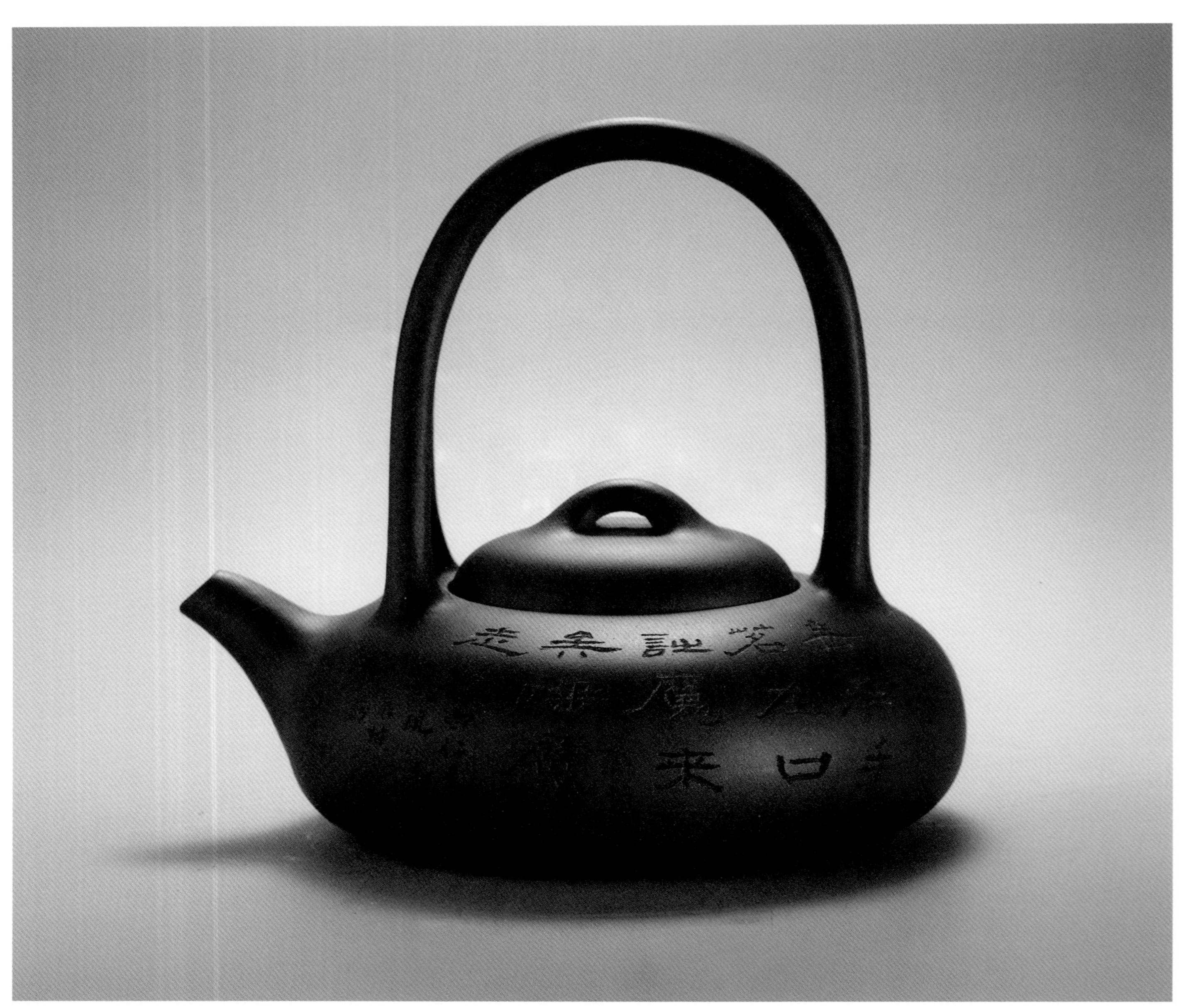

柿子提梁壶

作者：荣卿（制作）

规格：15×13×18cm

壶形似扁柿子，壶嘴短而仰，壶盖为桥钮，三叉提梁横跨壶肩两端，气势宏大。壶身铭刻："壶在手，茗在口，诗魔来矣，睡魔走。季白仁兄清玩。震叔铭。"另一壁上，刻一折枝梅花。款曰："季白六兄属，子祥。"

清廉壶

作者：许四海（设计、监制）
年代：2009年
规格：13×11×11.5cm

作品采用紫砂原矿泥料精心制作而成。以含羞欲开的荷花为造型，壶盖则为莲蓬形，每个莲子都可以活动。寓意出淤泥而不染，濯清涟而不妖。

高吉壶

作者：许四海（设计、监制）
年代：2008年
规格：15×12×20cm

高吉寓吉星高照、步步高升之意。将品茗壶器与禅意、书画熔于一炉，达到壶、茶、人合一的境界,在茶的世界里获得长久的宁静，在禅的净土里获得惬意和快慰。题识：会古通今　四海题　四海画竹。钤印：四海陶艺　门外汉　许四海。

横行一世

作者：许四海（设计、监制）
年代：1983年
规格：28×14×12cm

紫砂雕塑《横行一世》棱角分明,栩栩如生，连蟹眼、蟹毛、关节、蟹壳上的纹路都纤毫毕现，一根根尖刺向上凸起，仿佛将世界都掌握在自己的手心。经过近三十年的修炼，徐四海的作品,更多的是宽容平淡的情怀，是不以物喜、不以己悲的浑厚。

大团圆壶

作者：许四海（设计、监制）
年代：当代
规格：16×13×20cm

整壶匠心独运，华而不俗,古朴纯厚，壶口、盖、钮、肩、嘴、把和谐大气，张弛有度，充满了艺术的灵性和人文的韵致，好似有三分清高文人的气质，七分踏实质朴的风格。此壶采用宜兴底漕青泥，紫砂颗粒清晰可见。

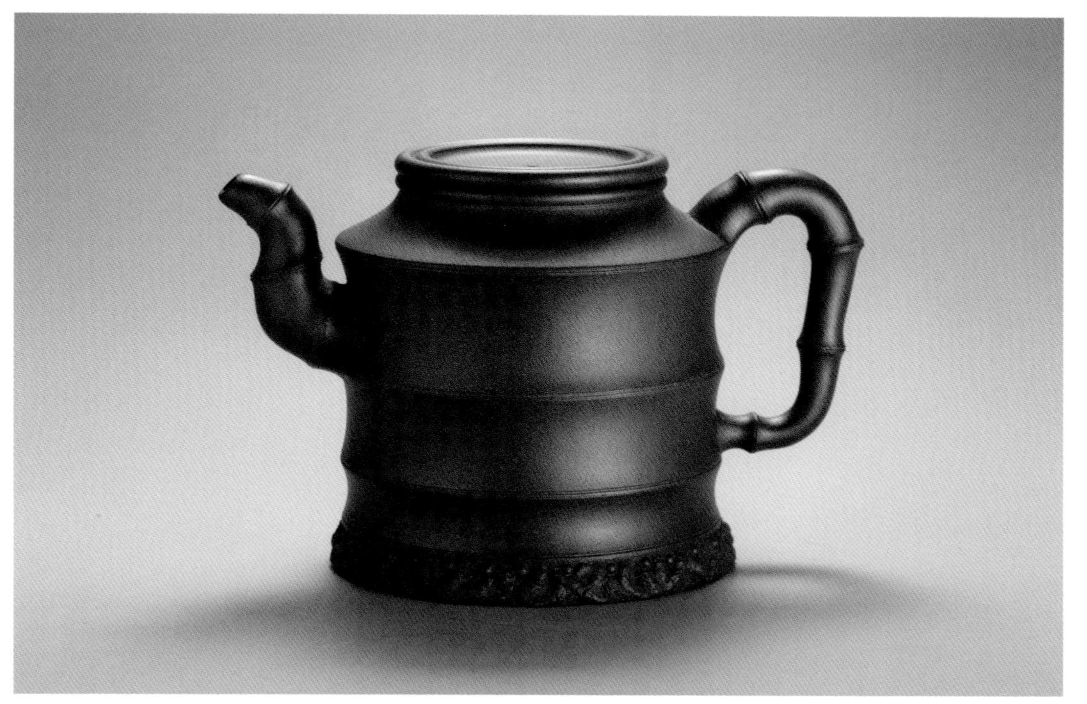

古竹壶

作者：许四海（设计、监制）
年代：当代
规格：18×14×20cm

作品以竹节寓意气节和君子。壶体散发着一种高贵与祥和的亚光色，点、面、线过渡自然。简洁清新的形制，壶、茶、人的相互融和，尽现古竹壶内在的寓意和韵致。

龟寿壶

作者：许四海（设计、监制）
年代：当代
规格：15×11×13cm

该壶的制作灵感来自龟的坚强生命力。龟立于壶盖之上，龟头上昂，憨态可掬，堪称点睛之笔。整壶制作疏密有致，浑厚稳健，气度轩昂。

海春壶

作者：许四海（设计、监制）
年代：当代
规格：11×9×15cm

作品器型古朴，泥色儒雅。独具匠心的设计增加了整壶的观赏性，流、把、耳、钮动感十足，韵味深远。

六方竹段套壶

作者：许四海（设计、监制）
年代：当代
规格：14×12×12cm

来自黄龙山的绿泥，经过四海窑的炼制，温润如玉，饱满如竹。传统工艺的打造，又将砂之魂、竹之魄体现得淋漓尽致。壶身与壶底的连接恰到好处，整体造型细腻精美，浑厚古朴，充满大自然的情趣。

如意三足壶

作者：许四海（设计、监制）
年代：当代
规格：14×12×13cm

作品别具匠心，在壶腹装饰了如意纹，与壶盖上的如意纽相呼应，三足预示稳定长久。整壶端庄秀雅，蕴藏乾坤，于传统造型中见新意。制造工艺繁复细致，一丝不苟，令人叹服。

柿子壶

作者：许四海（设计、监制）
年代：当代
规格：14×9×11cm

柿子乃百姓寻常食物，可口而又美观，作品借此表达了这种最质朴的情怀。壶体圆润饱满，骨肉均匀，有滋有韵。

寿翁壶

作者：许四海（设计、监制）
年代：当代
规格：13×9×11cm

寿翁壶是许四海的代表作之一，设计别致，制作精良，最重要的是，其工艺不仅仅停留在传统的塑后镶嵌，而是完整流畅地将雕塑与制壶工艺巧妙融合。精湛的工艺，体现了心法为上的理念。

束柴三友壶

作者：许四海（设计、监制）
年代：当代
规格：15×12×12cm

作者的创作灵感来自于大自然的动、植物。作者以写实手法，融入松、梅、竹以及小动物形象，以物拟人，大巧若拙。紫砂内质深秀，外表淡雅，颇有“啜有趣之茶品有味之壶”之意趣。

啸天壶

作者：许四海（设计、监制）
年代：当代
规格：14×9×13cm

作品将壶钮设计成一只昂首的瑞兽，野性有力，气度不凡，成为整壶的重点。壶身大气质朴，无太多纹饰，简约流畅而不失灵动。

新杯壶

作者：许四海（设计、监制）
年代：当代
规格：10×8×16cm

此款紫砂壶朴实温润，气韵灵动，看似传统的壶器，却有着丰富的文化底蕴,比例和谐，形制古朴，线条流畅而又富于变化。

古琴斫制技艺

我国的古琴制作技艺，早在唐代之前就已十分精湛；存世的大量唐、宋、元、明、清古琴实物，充分体现了它在人类文化中的价值和魅力。

古琴制作选用桐木或杉木、梓木，配以天然大漆、鹿角霜、硬木、蚕丝等材料，融传统木器制作、漆器制作、螺钿镶嵌工艺于一身，是多种传统技艺的融合。制作古琴的原材料，不仅数量稀少，而且成本昂贵，许多原材料仍采用原始的手工制作，如采收大漆、炮制鹿角霜、采制朱砂等。一张完整的古琴由面板、底板和槽腹三部分组成，又分首、项、肩、身、腰、尾各部，制作流程分为选材、造型、槽腹、合琴、灰胎、研磨、定徽、擦光、安足、上弦等十大步骤，每个步骤中又有若干详细的制作方法，总体历时 2–5 年。

上海地区的古琴斫制技艺保留了完整的工序流程，从琴料的选择、琴形的设计、琴身的成型、琴腔的掏挖、琴体的胶合、琴面的髹漆、琴弦的协调直至细节的装饰等，每道工序都有严格的要求和特殊的技艺。精品古琴琴体牢固，不会变形开裂，音色刚柔相济、苍劲高古、沉郁雄浑。

古琴斫制技艺于 2013 年被列入上海市第四批非物质文化遗产名录，该项目的代表性传承人有杨致俭、洪崇岩、华一志等。

赤霞琴

作者：杨致俭

年代：现代

形制：蕉叶式

材质：面板：明代杉木　底板：清代梓木　岳山、龙龈：赞比亚血檀　琴轸、雁足：紫光檀　琴徽：贝壳
　　　髹漆工艺：粗颗粒的天然朱砂与鹿角霜

规格：通长122.5cm　隐间111.8cm　额宽14.8cm　肩宽17.8cm　尾宽14.6cm　厚5.4cm

腹款：甲午孟冬　幽篁里制

古琴选用精美原料，精工细作，以大漆工艺制成，质感古朴，通体斑驳夺目，仿佛天边的云霞。

七宝琴

作者：杨致俭

年代：现代

形制：落霞式

材质：面板：明代杉木　底板：清代梓木　岳山、龙龈：赞比亚血檀　琴轸、雁足：紫光檀　琴徽：贝壳

髹漆工艺：古法“七宝灰胎”

规格：通长122cm　隐间111.8cm　额宽19cm　肩宽20.8cm　尾宽14.5cm　厚5.8cm

腹款：甲午孟冬　幽篁里制

作品以《无量寿经》为例，选用紫金、琉璃、砗磲、珊瑚和琥珀等材料，以大漆和为灰胎，营造高古质感，通体朱蓝错置，褐绿掩映，斑斓夺目。

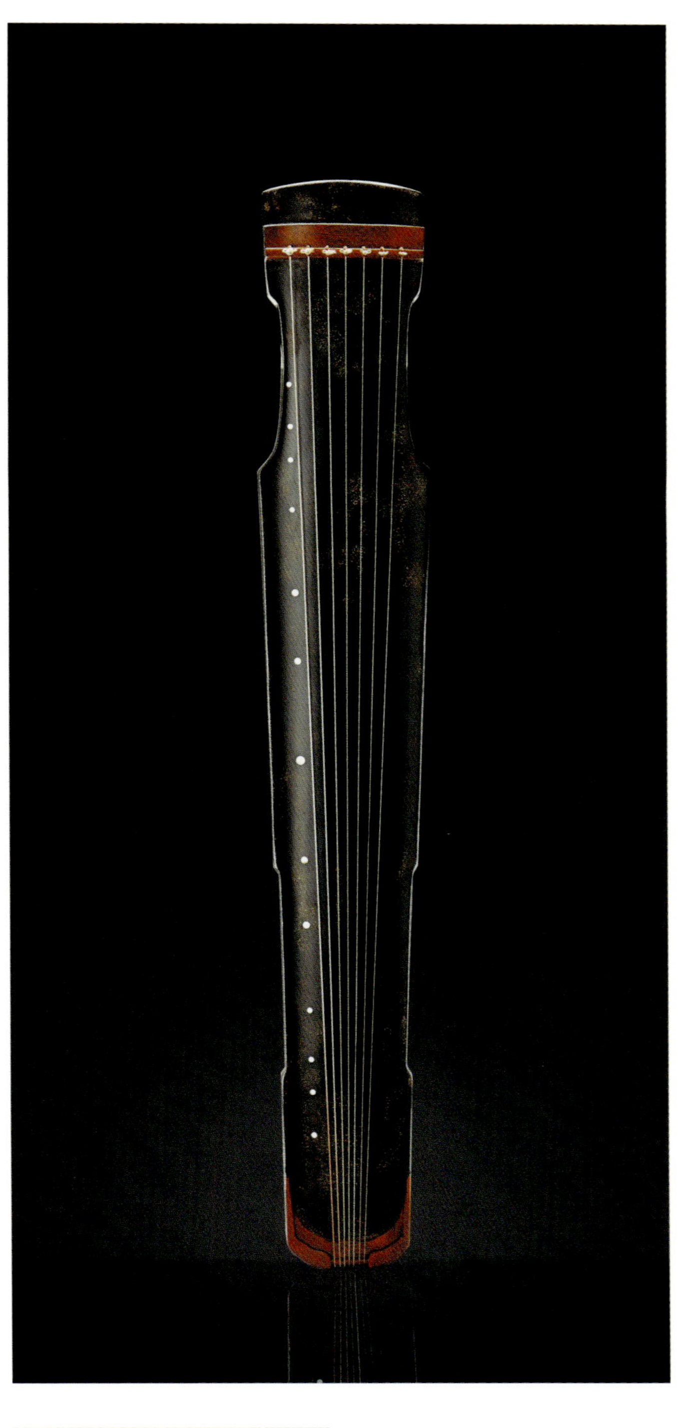

无极琴

作者：杨致俭

年代：现代

形制：仲尼式

材质：面板：明代杉木　底板：清代梓木　岳山、龙龈：赞比亚血檀　琴轸、雁足：紫光檀　琴徽：贝壳
　　　髹漆工艺：精制鹿角霜混合大漆

规格：通长122.5cm　隐间112cm　额宽19.2cm　肩宽20.8cm　尾宽15cm　厚5.5cm

腹款：甲午孟冬 幽篁里制

作品质感高古，造型优美，鹿角霜斑斓错置，色彩宜人。

海派盆景技艺

海派盆景技艺源出浦东三林镇“筠园”家庭盆景园。“筠园”位于三林镇西临江村庞家宅 30–31 号，镇河与黄浦江交汇处。清末民初，庞家宅出了庞松舟、庞上达、庞志余等众多名人。“筠园”祖上九代医行，业余研究盆景艺术。祖传的元、明、清盆景现有十几个，园内有百年以上的黑松盆景一盆、庭栽造型黄杨一棵、紫薇二棵、腊梅古树一棵。另有《芥子园画谱》古书、“采云轩”匾额一块，历代门窗盆景木雕若干。

“筠园”现主人庞燮庭，经过几十年的探索和实践，用“筠园”祖传的树桩盆景栽培法，结合《芥子园画谱》的中国山水画意境，同时融入历史悠久的赏石文化，创作出“海派三林筠园树石水岸盆景”。

海派盆景技艺于 2015 年被列入上海市第五批非物质文化遗产名录，其代表性传承人是庞燮庭。

牧牛图

作者：庞燮庭

材质：真柏、钟乳石

规格： 90×50×80cm

作者将几颗真柏小数种在一块钟乳石的三个石孔中，通过精心养护，不断修剪，十八年后才基本成品。江南水乡的杨柳，牧童坐在牛背的摆件，远景的草屋，构成一幅幽美的江南田园风景。

涛声依旧

作者：庞燮庭、庞盛栋
材质：真柏、英德石
规格：68×39×80cm

作品表现了中国山水画的意境。虽然只有三棵真柏，却俯仰自然，浓荫如盖。整件作品左实右虚，右侧留下大块空白，仅配一舟一山，虚实相映，表现出水天之浩淼。古柏下临水听涛的老翁，使作品平添一种沧桑之感。

阳春白雪

作者：庞燮庭
材质：真柏、白色风励石
规格：90×50×110cm

繁茂的柏树下，透迤的秀水边，有人结庐而居。两位矍铄老者凭石临水，吟咏唱和，娓娓而谈。一幅超尘绝世的高士图卷，生动展现在人们面前。

浦江源头

作者：庞燮庭

材质：真柏、英德石

规格：68×39×68cm

作品天趣盎然，寓意丰富。山崖上一条用汉白玉刻成、飞流直下的白色瀑布，点明了作品主题：浦江源头。上是飞珠溅玉，下是滚滚波涛，形成一条深不可测的山流，由黄浦江的源头流向长江大海。近景是两位老翁对酌，神态惟妙惟肖。

迟到的春天

作者：庞燮庭

材质：真柏、白色风励石

规格：62×30×100cm

作品仅用一丛真柏和数块白色顽石，间以黑色水盆，寥寥数笔，就描绘出了一幅山明水静、积雪未融，同时又春意萌发的自然美象。

富在深山

作者：庞燮庭
材质：真柏、英德石
规格：62×29×110cm

作品意境悠远。嶙峋的树干，散落的细叶，弥漫的山气，宛若置身于深幽的山林，周身被清爽宜人的松木所围裹。沉醉恍惚中，不觉有离尘出世之感。

人杰地灵

作者：庞燮庭
材质：真柏、英德石
规格：96×50×80cm

此件作品雍容大气，深邃端庄，树石离合，相互掩映。既见大自然的神采，亦显山石的个性，是一件树石盆景的佳作。

富春山居

作者：庞燮庭

材质：真柏、白风励石

规格：78×50×120cm

这件作品，主树（丛）偏于一隅，更显高古、超拔，而山水意境的刻画，更使作品深远辽阔。“富春山居”的题名，如点睛之笔，进一步深化了诗情画意，给人以隽永灵秀的印象。

犀皮髹饰工艺

传统犀皮髹饰技艺起源于先秦，经历了宋元的辉煌和明清的繁荣，流传至今。犀皮漆以红黑黄为基本色，三色相叠，色彩华美，纹理自然。中正儒雅的气息，美轮美奂的呈现，富有视觉冲击力。

海派犀皮髹饰技艺脱胎于传统的犀皮漆髹饰技艺。19 世纪末 20 世纪初，受西方文化的影响，在继承传统的基础上，海派犀皮漆髹饰工艺融入了西方油画的色彩语言和雕塑造型的立体表现手法，丰富了传统的红黑黄基本色调，使作品的色彩更加华美斑斓，纹理更加丰富多变，艺术审美的空间有了更大拓展。

海派犀皮髹饰工艺选择天然的矿物石和原生态植物镶嵌，呈现自然生命的质感。在点漆的时候将独特的材料掺入生漆之中，稳定了色彩的调性，使纹理在任何湿度下都可打磨，确保作品色彩的清晰，纹理的流动感。

犀皮髹饰工艺于 2015 年被列入上海市第五批非物质文化遗产名录，其代表性传承人是张海民。

药师佛

作者：张海民

年代：现代

规格：38×38×89cm

作品为铜胎，以生漆瓦灰打底，保证漆面平整光滑，并使作品有耐酸、防腐和耐高温的特性。颜色的选配注重纯天然材料，包括青金石、绿松石、蓝松石、深海贝壳、云母、金箔等，使作品表现出自然的本色。工艺手法包括贴金、镶嵌、堆、撒、贴等，通过反复手工打磨，确保作品颜色自然融合，呈现浑然一体的肌理效果。

象瓶

作者：张海民
年代：2010年
规格：10×4×24cm

作品主要以铜胎为胚，生漆、熟漆打底，经过化学处理后，由八种颜色的宝石（绿松石、青金石、玛瑙、珊瑚石等），通过撒、点融入金、银箔，再调入国漆，经四个月的自然凝固，经手工打磨八次以上而成。

熏炉

作者：张海民

年代：2011年

规格：高60cm

作品主要以铜胎为胚，生漆、熟漆打底，经过撒、点融入金、银箔，再调入国漆。成型的作品表面非常光滑，却又层次丰富，斑纹浮动，呈现出一种光怪陆离、变幻莫测的美。

传统建筑营造和装饰技艺

传统建筑营造和装饰技艺是指对中国古典和近代建筑遗存进行保护、修缮、复原的技艺。

中国历代的建筑修复主要依靠技师或工匠的口传心授，关于古建修缮的规范用材、工料费用等相关记载散见于少数文献中，如宋代李诫《营造法式》，清代《工程做法则例》等。

随着上海城市建设的发展，现代化的城市建筑鳞次栉比，同时也改变了老建筑的周边风貌。传统建筑修复和装饰技艺正适应这一时代要求，通过对建筑周边的环境规划、建筑结构的整体修复、内部细节的装饰复原，使保护建筑获得新的生命力，向世人展示原初的面貌和恒久的魅力。

传统建筑修复的工序主要包括：

一、建立建筑形态构造数据库，进行修复时可参照相同时期、类型、风格的建筑进行分析。

二、待修复建筑实地数据采样。修复之前，对老建筑的原貌进行精准的测量和记录，获得建筑的地面沉降度、墙体的开裂度和建筑物倾斜度等数据。

三、建立模型，对图像模型进行模拟修复，然后再建立缩小比例的实物模型。

四、建筑实体修缮，包括结构复原、装饰复原（通过技师手工勾线、雕刻、打磨、上色、补裂，使建筑装饰细节得以完美再现）和特殊功能复原。

传统建筑修复和装饰技艺于 2015 年被列入上海市第五批非物质文化遗产名录，上海古漪园、秋霞圃、豫园的修复工程是古建修复的经典案例。该项目的代表性传承人是陈荣锦。

艺术廊桥（模型）

作者：上海云丽莎艺术装饰设计有限公司

材质：柚木、鸡翅木

规格：410×85×171cm

模型利用了力学原理与榫卯结构，无一钉一铆。桥身单孔横跨。廊桥的风火墙雕以民间常用的拐子龙形纹，桥身饰以木雕荷花纹样，廊檐用万字纹和寿字纹，廊顶则用鱼龙纹样，雀替间用石榴、佛手、丝瓜、南瓜等纹样，廊顶的装饰元素采用了趣味动物形象。

浅草寺（模型）

作者：上海云丽莎艺术装饰设计有限公司

材质：柚木、鸡翅木

规格：452×397×238cm

模型以日本东京最古老的寺庙——浅草寺为原型模拟制作。作品制作采用素色原木，在造型风格上对浅草寺的建筑构架和装饰元素进行了精确的考量。寺院屋顶向上的弯度较小，屋檐更深。

东岳庙拜亭（模型）

作者：上海云丽莎艺术装饰设计有限公司

材质：柚木、鸡翅木

规格：151×151×178cm

模型以山西阳城东岳庙的拜亭为原型，以各式榫卯构筑，不用一颗钉，坚实牢固。拜亭之内藻井已有千年历史，历经修缮，现在呈现为明代风格。模型对拜亭中的造型、架构、组合等所有建筑元素进行了一一对应的精确复原，并对损毁的细节进行了艺术创造。

八福客栈（模型）

作者：上海云丽莎艺术装饰设计有限公司

材质：鸡翅木、柚木、沙比利

规格：240×210×197cm

八福客栈位于阳城城内，始建于清代，为一处富有浓郁山西特色的民居，楼房砌筑整齐，楼面为雕刻精细的楼栏和隔扇门窗。民国时期，这处历经战火的民居沦为车马店，后被英国著名传教士、修女艾伟德改做客栈，取名“八福客栈”。

神龛（模型）

作者：上海云丽莎艺术装饰设计有限公司

材质：鸡翅木、柚木

规格：223×163×320cm

模型以山西晋城玉皇庙为原型制作，神龛是道教用来供奉神像及牌位的用具，一般一层供神像，二层供牌位。神龛模型顶层精确复原了中国古代建筑中的斗拱结构，每一处飞梁、画檐、栏杆都有精美雕饰。

马勒别墅

作者：上海云丽莎艺术装饰设计有限公司

材质：鸡翅木、柚木

由50多位设计人员、80多名修缮员工组成的修复团队，从加固结构、重做防漏、清除白蚁、设计墙面等最基础的工作开始，分别对别墅的中庭、天井、楼梯、花园、大门进行修复。经过13个月的努力，不但别墅中遗存的40%部分完全修复，而其余破损的部分更是通过艺术创新，得以展现新姿，与原有建筑互相融合，浑然天成。

Vanessa Two

作者：上海云丽莎艺术装饰设计有限公司
材质：柚木
规格：柜体：177.4 × 51.4 × 202.3cm
　　　边几：48.5 × 48.5 × 85cm

这是一款欧式风格装饰柜，柜体修长纤细，柜身配以蝴蝶结丝带及心型图案，犹如一位端庄秀气的美少女。内部细节雕花及实用性空间布局，让展示柜充满了艺术美与设计感。

似水年华

作者：上海云丽莎艺术装饰设计有限公司
材质：柚木
规格：三人沙发：176 × 63 × 98.5cm
　　　单人沙发：66 × 62 × 98.5cm
　　　茶几：117.5 × 92.5 × 50.8cm
　　　边几：68.5 × 68.5 × 50.8cm

这是一款欧式风格的三人沙发。波浪似水的造型给人优美舒适之感，沙发靠背壁面用立体褶皱丝带装饰，更显柔美灵动之韵味。处处似水，温和柔情，象征着生生不息、财源滚滚。

富贵长寿

作者：上海云丽莎艺术装饰设计有限公司
材质：柚木
规格：圆桌：88×88×80cm
　　　圆凳：38×38×48cm

这是一款中式风格的桌椅，桌面中心十二个角对应十二个镂空小花格，层层叠叠，交相呼应，立体感十足。再配以如意、回纹造型，寓意富贵长寿、吉祥安康。桌腿椅脚刻有万字纹，是万福万寿的象征。

柚木展示台

作者：上海云丽莎艺术装饰设计有限公司
材质：柚木
规格：136×136×96cm

作品极富艺术想象力与吉祥寓意。展示台的八边暗示中国的吉祥八福。台面中心镂空，俯看从八边变为四边，从四边变为圆形。从第一层往下看第三层，每层都一目了然。两边配以镇宅辟邪的木雕吉祥大象，寓意吉祥如意。

传统家具制作技艺

传统家具制作技艺包括海派家具制作技艺和明清家具榫卯制作技艺。

海派家具制作技艺

海派家具的历史可追溯到清朝末年。1842 年《中英南京条约》签订后，随着西洋文化、洋人、洋行、洋货不断地涌入，西洋家具也被带入中国，尤其是上海、广州、青岛、天津等城市。上海由于独特的地理位置，成为中国用传统技艺制作西洋家具的前沿阵地，海派家具也应运而生。

海派家具采用手工为主的传统制作技艺。它在中国传统的明式、苏作等家具技艺基础上，融入了西式家具制作技法，主要工序有创意设计、木材处理、配料、部件加工、白坯组配、涂饰、表面装饰、软包、成品组装等。技艺核心为海派设计、双包镶制板、海派雕刻、薄木镶拼、涂饰、软包。

海派家具制作技艺在继承中华传统制作工艺基础上，融入西方家具设计、制作理念，使千年传统手艺得以更广泛地运用、提炼、创新、发展，板木结合、木纹拼花等成为海派家具制作中的常态技法。

明清家具榫卯制作技艺

榫卯结构是在两个木构件上采用的一种凹凸结合的连接方式，凸出部分叫榫或榫头，凹进部分叫卯或榫眼。榫卯结构是中国古典建筑和家具的灵魂，它使中国建筑、家具历经百年千年而依然坚固美观。榫卯结构早在河姆渡文化就已出现，宋元时期发展成熟，明清时期达到巅峰。这一时期的榫卯结构蔚为大观，家具制作几乎用到了所有的榫卯种类，展现出了榫卯结构进化的最终样式。

榫卯结构家具依靠巧妙的结构限制了木件之间向各个方向的扭动，比铁钉连接的家具更结实耐用，也便于运输、修理、拆卸、维护。

榫卯制作完全依靠手工制作，主要有放样、选料配料、画线、制作榫头榫眼、做记号、胶合、打磨、拼袋等八大步骤。榫卯结构外形多变、构造精妙，共有一百多种做法，常用的有五十多种，具有较高的艺术观赏价值。

随着时代的发展，榫卯制作技艺的精髓被不断提炼与吸收，对传统榫卯结构进行设计，将其很好地运用到现代生活中。

传统家具制作技艺于 2015 年被列入第五批上海市非物质文化遗产名录，高伟是海派家具制作技艺的代表性传承人。

海派家具制作技艺雕刻工艺

工具

海派印象家具

作者：高伟

年代：1993年

此款家具是最具代表性的海派家具之一，沿袭了民国时期的经典海派风格，采用名贵板、木结合的海派制作技艺，将中国传统元素花篮、宝瓶、石柳果、蝙蝠献桃，与西方维多利亚女王时期的家具风格巧妙地融合在一起，同时结合巴洛克复古元素的运用，体现了海派文化对历史的尊崇以及兼容并蓄的风格。

伉俪椅

作者：高伟
年代：1998年

左右对称的伉俪椅，靠背部分彰显功力；适当的雕刻、扎实的软包、流畅的曲度，符合人体原理的设计，配以丝织软包的东方花卉和柔美外型，呈现海派文化和合之美。

安妮花冠椅

作者：高伟
年代：1998年

旗袍是海派生活方式的象征，设计师将椅子的造型塑造成一位穿旗袍的优雅女士，彰显海派家具的高贵气质。精美的顶部皇冠，线条流畅的扶手，绿色的丝质面料，舒适的靠背和灵动的腿部曲线，散发出清新隽永的时尚气息。

海派印象梳妆台系列

作者：高伟

年代：2010年

作品由海派雕刻大师制作完成，小巧精致，婉约秀美，又不失端庄大气。雕花柔美华贵，采用传统的榫卯结构，体现海派家具严丝合缝的制作风格。

海派印象沙发

作者：高伟

年代：2014年

作品饱含海派韵味，渗透雅致情怀，散发时尚气息。面料色调从中国古典瓷器的孔雀蓝中演绎而来，并配以丝绒质地，产生中西合璧的美感。

冰裂纹沙发

作者：高鑫

年代：2015年

作者设计灵感源于《乾隆鉴古图》中的罗汉床，同时在传承中创新，将海派家具常用的软包设计应用到座面和靠背，提高舒适度。椅背饰以明清家具的冰裂纹图案，腿部采用壶门券口加固，整体造型精致秀美。

汉唐印象椅

作者：高伟

年代：2015年

作品以明式南官帽椅为原型，结合民国时期海派红木靠背椅的特色而演绎设计。靠背以大篆体汉字“仁、义、礼、智、信、俭”阴刻于红色海波纹髹漆上作为装饰，展示中华印章文化及传统儒家思想。

汉唐印象桌

作者：高鑫
年代：2015年

此桌的设计灵感源于唐朝王维画作《伏生授经图》，整体为汉案形状，为适应当代人垂足而坐的生活习惯而改良加高。为增强稳固性和装饰作用，达到海派家具“秀颀、精致”的审美效果，桌脚的装饰条数量有所增加，外型上借鉴了竹节的形态。

丝路台

作者：高鑫
年代：2015年

书桌两旁的侧面挡板，以传统“攒接”法与海派制作技艺有机融合，成燕尾状，既加强了稳定性，又显得通透灵动。

七屏风罗汉床

作者：上海紫东阁艺术馆

年代：现代

规格：207×118×134cm

罗汉床为古时厅堂家具之重器。此张细藤面大床，面花板雕双龙拱璧，腿足造型稳重。床后栏为三屏风，每个屏风以榫卯结构连接；内饰镂雕螭纹，屏芯攒镶瘿木，饰瓶、案、壶（福）、枝（禄），寓意“平安福禄”。又雕刻了传统的博古纹。博古纹起源于北宋徽宗之《宣和博古图》，以“博古”点缀家具，为清代家具一大特色，有清雅高洁之意。

红木博古纹瑞兽足天然几

作者：上海紫东阁艺术馆

年代：现代

规格：355×129×51cm

几面为通长3.52米的整幅老红酸枝木面板，十分罕见，价值连城。几面两端翘起，面下牙板及脚足牙头均饰博古图浮雕，精致典雅。腿际档板雕飞龙纹，剔透玲珑，托泥饰瑞兽足，象征吉祥、长寿。整器工艺精湛，磅礴而不失俊秀，予人以大器端庄之感。

红木西番莲大圆桌

作者：上海紫东阁艺术馆

年代：现代

规格：110×110×87cm

桌面起冰盘沿，面下束腰，凸雕六块龙纹条板，牙条雕西番莲纹，正中垂如意纹方形洼堂肚，两边透雕龙纹，桌腿上部雕西番莲纹，两边起阳线，腿间安有底杖，底盘透雕龙纹，足有双翻回纹。

灵芝太师椅

作者：上海紫东阁艺术馆

年代：现代

规格：椅：72×53×116cm

几：51×51×80cm

此椅造型典雅稳重，结构匀称，纯手工榫卯制作，工艺精细考究。椅背嵌山水纹云石，自然亮丽，椅面镶瘿木，华丽富贵，石瘿相映，构筑一种天然情趣。椅背及扶手通体镂雕蝙蝠祥云，布局得体，栩栩如生。

传统铜香炉铸造技艺

铜香炉，是用铜材制作的焚香用具，是我国历史悠久的传统工艺品，也是民间各阶层人士乐于享用的一种多用途器具。我国铜香炉铸造始于春秋战国时期，到了明代的“宣德炉”，铜香炉的铸造已到了“炉火纯青”的水平。

近代上海，佛教得到了广泛的传播。佛寺的兴盛导致香炉需求的旺盛，上海的传统铜香炉铸造技艺就是在这样的社会环境中得到延续和发展的。

铜香炉的器形铸造一般使用失蜡法。这是一种用以铸造青铜等金属器物的精密方法，先用蜂蜡做成铸件的模型，再用别的耐火材料填充泥芯和敷成外范。加热烘烤后，蜡模全部熔化流失，整个铸件模型变成空壳。最后，往内浇灌溶液，便铸成器物。以失蜡法铸造的器物玲珑剔透，有镂空的效果。

铜香炉制作的关键是表面氧化处理，氧化其实是让铜制品变色，保护铜器不再被腐蚀，同时增添光彩和美感。不同的材质在同一配方中可以产生不同颜色，同一材质在不同配方中可以产生不同色彩。

传统铜香炉铸造技艺于 2015 年被列入第五批上海市非物质文化遗产名录，代表性传承人为单大禹（已故）。

鼓式炉

作者：单大禹

年代：现代

规格：14×14×9.5cm

此炉平口内敛，外沿弧线饱满，珠钉上下均匀，炉身如同一鼓。鼓身饰韩滉《五牛图》浅浮雕，二耳饰天鸡衔环，满身渐进五色形成对比。局部鎏金，使炉鼓在凝重沉稳中透出一份生动。

叶公梦龙

作者：单大禹
年代：现代
规格：14.5×8×27cm

此件作品用铜渣制作而成，造型颇有“瘦漏透皱”之态。

鎏金三色钵炉

作者：单大禹
年代：现代
规格：18×11cm

此炉型若宝珠，炉身以莲瓣交叉环抱。在铜炉中，此款莲花钵式以其特有的素雅之风，最适合礼佛、清修、诵经之用。

龙耳洒金炉

作者：单大禹

年代：现代

规格： 27×17cm

此炉造型简约，双耳精雕铺兽衔环，有如画龙点睛。通体洒金，素雅中平添一份厚重之气。

洒金戟耳炉

作者：单大禹
年代：现代
规格：12×9cm

此炉通体洒金，略带弧线束腰，在高雅贵重的气质中增添了一丝灵巧妖娆。

九龙筒式炉

作者：单大禹
年代：现代
规格：18×20cm

炉身通体浮雕祥云虹龙，龙身鎏赤金，灵动非凡。双耳为铺兽衔环，阔口六龙伴月，上沿有左旋卍字纹环绕，下沿为珠钉双线饰以龙纹，首尾对接，彰显皇家气派。

海兽纹马槽炉

作者：单大禹

年代：现代

规格：75×12×13.5cm

铜炉双耳为异形龙首，炉身四面均布浅浮雕鎏金海兽纹，水波起伏，海兽畅游，显得气韵生动，古意盎然。

戟耳马槽炉

作者：单大禹

年代：现代

规格：13×9.5×8.5cm

铜炉齐口薄壁，方正精巧，耳为下垂戟型，角尺足平稳有力。炉身两面有开框浮雕，一面独龙，一面子母龙，龙身鎏金。

古船模型制作技艺

我国在汉代就有船模制作的记载。出土实物有西汉的“十六浆木船模”（1951年湖南长沙出土）、东汉的“陶船模”（1955年广州东郊出土）等。上海作为我国重要的海港城市，海运在这里一直扮演着举足轻重的角色。上海地区的造船历史可追溯到唐代，《水运技术词典》“沙船”条记载：“沙船是古代四大航海船型之一，始造于唐代之崇明岛。”

古船模制作是根据真实船舶的形状、结构、颜色等严格按比例缩小制作而成的船舶模型，以真船同质材料如木料、布料、线绳、竹麻、金属、油漆等十多种材质为原料。这种模型，古时称作“缩尺模型”，现在叫“比例模型”。古船模型制作技术涉及识图、放样、木工、漂染、缝纫、铁艺、锡焊、油漆、竹编、雕刻、绘画等基础技能，制作材料的多样性，要求制作人须掌握多门工种制作技艺。

近百年来，古船模已经逐渐从造船之前的放样工具成为了艺术品流行于世。在上海，一直有一批古船模的研究者与爱好者，他们不仅研习古船微缩复制技艺多年，如今还将青少年活动场所作为古船微缩复制技艺传授的课堂。

古船模型制作技艺于2015年被列入第五批上海市非物质文化遗产名录，代表性传承人为张玉琪。

上海沙船

作者：张玉琪

年代：2008年

材质：柚木

规格：103×22×86cm（比例 1:25）

沙船始造于唐代的上海崇明岛，是我国古代四大航海船型之一。模型参照《中国海洋渔船图集》中的资料复原制作。

舻挑

作者：张玉琪
年代：2014年
材质：柚木
规格：70cm × 13cm × 62cm（比例 1:25）

舻挑是一种代表性的挑网渔船，作业于长江口，配有特制的双爪大木锚，用于抛碇张网。模型参照《长江流域渔具渔法渔船调查报告》中的资料复原制作。

女山湖粮划

作者：张玉琪
年代：2012年
材质：柚木
规格：64 × 15 × 63cm（比例1:25）

“粮划子”是安徽淮河下游和大运河中的一种木帆船，有数百年的历史，在古时以承担南粮北调而得名。由于运河两岸堤坝高，为了便于使风，船的桅帆较高。模型参照《长江流域渔具渔法渔船调查报告》中的资料复原制作。

姑塘风网船

作者：张玉琪
年代：2013年
材质：柚木
规格：50×10×67cm（比例1:25）

姑塘风网船是一种兼运输和捕鱼的两用船，作业于鄱阳湖的湖口、星子等地。模型参照《长江流域渔具渔法渔船调查报告》中的资料复原制作。

瓜州丝网船

作者：张玉琪
年代：2013年
材质：柚木
规格：50×9×48cm（比例1:25）

丝网船分布在长江下游的江阴、南通、瓜州一带，可使用多种渔具轮作，适应性较强，是江苏省主要渔船船型之一。模型参照《长江流域渔具渔法渔船调查报告》中的资料复原制作。

板船

作者：张玉琪
年代：2012年
材质：柚木
规格：51×11×48cm（比例1:25）

板船经常在安徽省境内的长江干流中作业，冬、春季有时也去鄱阳湖生产。船体装载量大，抗摇性强。每船配有劳力4人，可兼作住家，能适应长江下游多种作业需要。模型参照《长江流域渔具渔法渔船调查报告》中的资料复原制作。

七扇子

作者：张玉琪
年代：1995年
材质：柚木
规格：100×21×72cm（比例1:25）

七扇子是一种现在还能在太湖见到的木帆船，属沙船船型。作业时两艘船为一对，属大型拖网渔船，稳性好，载帆能力大。船上设有七道帆，两舷装有披水板各二块，并带有舢舨一艘。相传七扇子是从南宋的岳家军战船演化而成，尾部较高的舵墙，是为了便于囤兵。

歪脑壳船

作者：张玉琪
年代：2011年
材质：柚木
规格：70×16×33cm（比例1:25）

“橹船歪脑壳，五支为一单。行止如雁行，恰运一载盐。”这是清代文人刘慎知《富荣场景诗·盐船》中对运盐船的生动描述。歪脑壳船是中国乃至世界内河航运史上独特的一种船型，这种造型奇特、船头船尾逆向歪扭的船，曾在四川自贡盐业运输中起过重要的作用。

歪屁股船

作者：张玉琪
年代：2011年
材质：柚木
规格：100×20×30cm（比例1:25）

此船是适合在湍急的乌江中航行的特种船型，既没有帆，也没有舵，更特别的是船尾是歪的，所以乌江的当地人把它叫做“歪屁股船”。作者参照《长江之帆船与舢板》等资料，复原制作了这种消失了70多年、我国特有的内河船种。

珐琅器制作技艺

金银胎珐琅器制作技艺是中国传统细金工艺的一部分。元代以来，西方的金银胎珐琅器传入中国，历经七百余年，入乡随俗，逐渐转变为中国的传统珐琅工艺，制品包括“金银胎珐琅器”和“铜胎珐琅器－景泰蓝”。

金银胎珐琅器是用贵金属制胎，以石英、长石为主要釉料烧炼而成的五彩缤纷的珐琅制品，按制造方法和工艺特点，分为掐丝珐琅和画珐琅两大类。制品主要选用黄金和白银单独或搭配制成器物主体，然后使用金银花丝掐制纹样焊接于主体，同时挑选上等彩色珐琅嵌填花丝装饰图案，再调配精细珐琅绘制各种图形，反复烧制，继以镶嵌各类精美钻石、宝石、珍珠、玛瑙，画龙点睛。整个工序不少于三四十道，制作过程体现了格物致知的工艺哲理。金银胎珐琅器制品雍容华贵，具有皇家风范，是供人们使用、欣赏、收藏的高端艺术珍宝，具有财富和艺术的双重价值。

珐琅器制作技艺于 2019 年被列入第六批上海市非物质文化遗产名录，代表性传承人为余士渭。

银掐丝珐琅凤鸟镶宝大烛台

作者：余士渭

年代：现代

规格：45×45×85cm

本件作品使用纯银、珐琅、红石榴宝石打造，通体采用锻打、雕刻、掐丝、填琅、镶嵌、鎏金等技法。作者延用中国殷商时期象征华贵吉祥的凤鸟原型，结合现代力学原理，古为今用，洋为中用，使作品呈现一种端庄高贵的殿堂气氛。

银珐琅六凤朝阳大梅瓶

作者：佘士渭

年代：2013年

规格：22×22×42cm

作者以原创的海派艺术手法，以牡丹缠枝莲图纹衬托六凤和鸣的吉祥图景，表现《诗·大雅》中“凤凰鸣矣，于彼高岗；梧桐生矣，于彼朝阳”的意境，寓意阳光普照中华大地的壮美和谐。

竹林七贤银珐琅壶

作者：余士渭

年代：现代

规格：15×14×17cm

作品以现代创意和灵巧智慧，在银壶上用掐丝手法再现了中国文人雅士熟知的魏晋“竹林七贤”的美丽故事。

琉璃烧制技艺

琉璃，亦称脱蜡琉璃，是中国传统手工艺品之一，用含有各种稀有金属的人造水晶为原料，采用古代青铜脱蜡铸造法高温脱蜡而成。其色彩流云漓彩、美轮美奂，品质晶莹剔透、光彩夺目。它在中国的使用，最早可以追溯到西周时期，最初制作琉璃的材料，是从青铜器铸造时产生的副产品中获得的，经过提炼加工然后制成琉璃。琉璃的颜色多种多样，古人也叫它“五色石”。到了汉代，琉璃的制作水平已相当成熟，但是冶炼技术却掌握在皇室贵族们的手中，一直秘不外传。由于民间很难得到，所以当时人们甚至把琉璃看成比玉器还要珍贵。

如今，经过琉璃工房创办者张毅和杨惠珊的不懈努力，使几乎被人遗忘的脱蜡铸造法重新得以延续，不断尝试让琉璃走进现代生活，开发出以琉璃为主要材质的首饰品牌，并将琉璃与其他材质如陶瓷、木头等结合，开发创意家居产品。近年来，琉璃工房不断根据不同材质，探索琉璃在现代生活中设计的种种可能，突破琉璃在装饰性与工艺性上的局限，将文化生活融入衣食住行中。

琉璃烧制技艺于 2019 年被列入第六批上海市非物质文化遗产名录，代表性传承人为杨惠珊。

花舞鱼飞春光聚
——四方礼赞聚宝瓶

作者：杨惠珊
年代：2010年
规格：46×35×62 cm

作品经三年不断尝试，结合琉璃脱蜡铸造和吹制技法，融入中国“聚宝瓶”的概念制作而成。花绽放成金鱼，金鱼幻化成花，跃动出丰厚的生命。聚富贵圆满，祈平安祥和，满载祝愿的，是金箔聚宝盆。

容承之美——玉兰清

作者：杨惠珊
年代：2012年
规格：21.2×21.2×21.5 cm

作品以粉烧定色结合浅浮雕与立体雕塑多种高难度技法，展现绘画般的色彩。天圆地方的瓶型，突显文化中的经典美感。碗缘处的窗花缕空装饰，四季盛开的花藏于其中，寓意天地间尽藏无限美好。人心亦如此，心开阔，自有一番美好景色。

向上的力量——玉山圆柏

作者：杨惠珊

年代：2013年

规格：39×15×25.2cm

玉山圆柏生长于山巅绝岭之地，迎风霜与天险顽强挺立。苍劲的圆柏与典雅的蝴蝶兰相生相应，同体共生，倾诉着一致的生命语言。作者借鉴传统山水画构图，融合粉烧定色和二次烧制技法，创造这一精品。藉由植物的坚韧生命力，传达永无止境的奋斗意志。

藏品细目

顾绣

上海绒绣

三林刺绣技艺

海派绒线编结技艺

中式服装盘扣制作技艺

中式服装制作技艺

海派旗袍制作技艺

香囊制作技艺

丝毯织造技艺

嘉定竹刻

黄杨木雕

石雕

紫檀雕刻

海派玉雕

琥珀雕刻

水晶雕刻

三林瓷刻

上海砚刻

漆器制作技艺

金银玉石镶嵌技艺

沉香香品制作技艺

錾刻技艺

上海剪纸

海派面塑

金山农民画艺术

朵云轩木版水印技艺

周虎臣毛笔制作技艺

曹素功墨锭制作技艺

月份牌年画

鸣谢单位

上海市松江区文化馆

上海黎辉绒绣文化发展有限公司

上海市浦东新区高桥镇文化服务中心

上海工艺美术有限公司工艺美术研究所

恒源祥（集团）有限公司

上海市浦东新区三林镇文化服务中心

上海大世界传艺中心

上海市徐汇区人民政府漕河泾街道办事处

上海鸿翔制衣有限公司

上海亨生西服有限公司

上海培罗蒙西服公司

上海市非物质文化遗产保护协会

上海荣庆堂实业发展有限公司

上海三林绣庄艺术品有限公司

上海美华丝毯创意工作室

上海市嘉定区竹刻协会

上海市徐汇区人民政府长桥街道办事处

上海市浦东新区书院镇文化服务中心

上海市长宁民俗文化中心

上海普陀区甘泉社区文化活动中心

上海中国紫檀文化研究院

上海市收藏协会

上海海派玉雕文化协会

上海市普陀区文化馆

上海工艺美术职业学院

上海市浦东新区三林镇文化服务中心

上海市闵行区华漕镇文化体育事业发展中心

上海海派玉雕文化协会

上海雍禾文化传播有限公司

上海錾刻艺术设计事务所

上海市徐汇区人民政府枫林路街道办事处

上海工艺美术有限公司

工艺美术研究所

上海守白文化艺术有限公司

上海市金山农民画院

上海朵云轩集团有限公司

上海周虎臣曹素功笔墨有限公司

上海市美术家协会

上海穆益林帛画艺术馆

上海传弘文化发展有限公司

上海老凤祥有限公司

上海民族乐器一厂

上海市收藏协会

上海音乐学院

上海七弦古琴文化发展基金会

上海市浦东新区三林镇文化服务中心

上海云丽莎艺术装饰设计有限公司

上海亚振家具有限公司

上海紫东阁艺术馆

上海浦东新区陆家嘴金融城文化中心

上海老凤祥珐琅艺术有限公司

上海琉璃艺术博物馆

图书在版编目（CIP）数据

上海非物质文化遗产精品选 / 上海市文化和旅游局，上海市文物局编．-- 上海：上海古籍出版社，2022.10
（文化上海·典藏）
ISBN 978-7-5325-8196-2

Ⅰ．①上… Ⅱ．①上… ②上… Ⅲ．①非物质文化遗产—上海—图集 Ⅳ．①G127.51-64

中国版本图书馆CIP数据核字（2016）第202875号

责任编辑：虞桑玲
装帧设计：严克勤　甘信宇　王楠莹
技术编辑：隗婷婷

文化上海·典藏
上海非物质文化遗产精品选

上海市文化和旅游局
上　海　市　文　物　局　编

上海古籍出版社出版发行
（上海市闵行区号景路159弄1-5号A座5F　邮政编码 201101）
（1）网　　址：www.guji.com.cn
（2）E-mail：guji1@guji.com.cn
（3）易文网址：www.ewen.co

上海界龙艺术印刷有限公司印刷
开本 787×1092　1/8　印张 41.5　插页 5　字数 300，000
2022年10月第1版　2022年10月第1次印刷
ISBM 978-7-5325-8196-2/G·642
定价：580.00元